LILA RHIYOURHI

Mon abécédaire

Spirite

LEDUC
ÉSO

Sommaire

Introduction

Tout a changé sur la Terre depuis ce mois de mars 2020. Le monde d'avant ne sera plus et le monde d'après n'existe pas encore. Nous sommes vraiment là au cœur de la transition planétaire qui va nous conduire vers une nouvelle humanité, plus respectueuse, dans laquelle la violence et la pauvreté céderont progressivement la place à la paix, l'amour et l'abondance.

Je suis née dans une famille de guérisseurs et de médiums spirites de génération en génération. Cela signifie que nous travaillons en coopération étroite avec des esprits de l'au-delà, des anges, des maîtres et des guides spirituels non incarnés. Cette évolution et ces turbulences que nous traversons nous étaient annoncées de longue date. Et ce message que les spirites m'ont transmis il y a longtemps prend aujourd'hui tout son sens.

Tous les livres que j'ai écrits auparavant devaient nous aider, nous fournir des outils pour accompagner ces changements qui se déroulent dans nos vies mais aussi au plus profond de notre être : dans nos corps énergétiques, nos cellules, et même notre ADN. Pour nous adapter, il nous faut nous reconnecter à notre être profond, à notre essence divine. Cela passe par la pratique quotidienne de la respiration, de la méditation, et par le développement de nos pouvoirs spirites. Il nous faut aussi acquérir la maîtrise de notre fréquence vibratoire. Cela suppose d'apprendre à se purifier régulièrement et à se protéger des énergies nocives, c'est-à-dire prendre soin de ses énergies. Enfin, et cela va de pair, il nous faut acquérir la maîtrise de nos pensées et de nos émotions. Ces dernières deviennent tellement puissantes qu'elles créent notre réalité avant même que nous ayons le temps d'en prendre conscience.

Ainsi, nous sommes invités à une belle transformation. Les parties de nous qui résistent sont celles qui ont besoin de pardon, de lumière et d'amour. Elles se montrent à nous pour que nous nous délestions de nos illusions, de nos peurs et de nos mensonges à nous-mêmes.

Nous traversons tous et toutes des épreuves qui nous permettent de nous épurer, d'abandonner nos croyances limitantes et de laisser s'épuiser toutes les émotions douloureuses qui n'ont plus raison d'être.

Toutes les prières et protocoles que je vous ai transmis précédemment (voir la bibliographie) sont là pour vous soutenir, vous permettre d'ancrer de belles énergies de confiance et d'appeler à vos côtés des forces puissantes pour vous aider à réaliser vos plus beaux rêves. Car vous n'êtes jamais seul.

Cet abécédaire est le meilleur moyen que j'ai trouvé de répondre à toutes les questions que vous vous posez et que vous me posez régulièrement. Elles sont parfois assez éclectiques et il m'était difficile de les rassembler dans un ouvrage plus pédagogique que celui-ci. J'y apporte des éclairages sur des notions importantes qui doivent vous permettre de mieux comprendre votre nature spirituelle. Je vous délivre à nouveau mes conseils spirites ainsi que des messages d'espoir. C'est certainement mon livre le plus personnel. J'y raconte quelques pans de mon histoire pour la simple raison que le monde spirite fait partie de ma vie quotidienne depuis ma plus tendre enfance.

J'espère qu'il vous aidera à ne jamais perdre de vue qui vous êtes vraiment, à développer plus de confiance et de foi en vous et en votre vie. N'abandonnez jamais votre quête du bonheur. Ce n'est pas un luxe, mais une nécessité qui va vous conduire à répondre aux aspirations de votre âme, à trouver votre contribution personnelle au monde et à accueillir votre essence, heureuse par nature. Soyez béni !

A

Âme

De tout temps, les êtres humains ont cru en leur essence spirituelle, dans le fait qu'ils avaient une existence avant leur naissance et qui se poursuivrait après leur mort. Le mot pour qualifier ce principe spirituel de l'individu, en latin *anima*, s'est changé en « âme » au fil du temps. Il décrit la particule immanente, divine, pure et immortelle qui constitue notre identité sur tous les plans. Ni esprit, ni matière, l'âme est un fragment de pure essence divine, une parcelle de Dieu qui ne ressemble à aucune autre. La vôtre est singulière : il n'existe pas deux âmes identiques.

Tout au long de son parcours, toute âme expérimente des règnes, des époques et des galaxies différentes. Chacune de ces expériences est pour elle une occasion d'acquérir de nouvelles qualités, d'exprimer de nouveaux dons spirites et de progresser sur la voie du bien. Son but ultime est le même pour toutes : atteindre la pureté et la perfection. Aussi choisit-elle pour cela des incarnations qui vont lui permettre de se perfectionner sans que nous en ayons toujours bien conscience. Pendant les neuf mois de la conception et plus encore à la naissance, la densification des énergies associée à la baisse de leur fréquence rend cette mémoire impénétrable.

Au fil de notre vie terrestre, par nos actions désintéressées, notre générosité, le bien que nous procurons autour de nous, notre âme atteint un plus haut degré d'évolution. Nos prières lui permettent également de se dilater et de recevoir des radiations divines qui l'aident à poursuivre son expansion.

Votre âme ne vous est pas inaccessible. Je suis sûre qu'il vous est déjà arrivé d'être parcouru de frissons. Peut-être lorsque vous entendez une vérité qui résonne profondément en vous-même, que vous faites un câlin à une personne que vous aimez d'un amour inconditionnel, que vous accomplissez quelque chose qui vous remplit de joie, ou lorsque vous venez de rendre une personne heureuse. Alors votre âme se dilate, s'épanouit, rayonne. Et vous le ressentez sous forme de picotements, de frissons ou d'intense plénitude.

Votre âme constitue votre premier guide spirituel, toujours disponible, 24 heures sur 24 et 7 jours sur 7, lorsque vous tournez le regard à l'intérieur de vous. Vous pouvez apprendre à écouter ses messages et ses conseils en élevant vos vibrations par la prière ou la méditation. Ces dernières créent une voie lui permettant aussi de s'élever tout autant qu'aux âmes supérieures de vous toucher.

Âmes sœurs

Les âmes sœurs sont des âmes qui se sont déjà croisées dans d'autres incarnations sur Terre ou ailleurs… Elles peuvent faire partie d'une même famille d'âmes. C'est pour cela que la rencontre leur semble une évidence. Ce sentiment de déjà se connaître ne vient pas de nulle part. Ce n'est pas pour autant que la relation est facile. Elle est souvent intense et peut provoquer dans la vie des changements importants. Les âmes sœurs ont pris la décision de s'aider à grandir mutuellement. Elles vont chercher ensemble à guérir des blessures profondes telles que l'abandon, le rejet, la trahison, etc., à dépasser des limitations ou assumer, pendant un temps, un rôle d'enseignant l'une pour l'autre. Dans un couple, cela fonctionne très bien par effet miroir ; le comportement de l'autre éclaire chez nous nos peurs refoulées. Les blessures ressurgissent pour que nous nous en occupions. Ainsi, certaines choses que nous pensions réglées réapparaissent, ou bien nous nous surprenons à devenir jaloux alors que nous pensions ne pas l'être, pour justement nous en libérer.

Il est également possible qu'une âme sœur se cache derrière une personne avec laquelle nous avons un gros conflit ou une grosse opposition pour nous aider à sortir de l'affrontement, des ressentiments ou de la haine et dépasser ces différends. Contrairement à ce que j'entends souvent, vous pouvez tout à fait rencontrer plusieurs âmes sœurs dans une même vie.

Âmes jumelles

Les âmes jumelles ne sont pas des jumeaux. Je vous invite à aborder avec prudence ceux qui vous expliquent que vous avez quelque part un double ou une moitié. Votre âme est une, unique et indivisible. Mais il existe tellement de familles, de groupes, d'origines diverses que nous sommes naturellement attirés vers ceux qui possèdent quelques similitudes avec nous. Ce peut être une origine planétaire, un groupe d'âmes ou des brins d'ADN. Nous reconnaissons alors ce que nous appelons « âme jumelle » par l'harmonie qui s'installe entre nous, la qualité des relations, des centres d'intérêt communs ou encore le même désir de servir certaines causes plutôt que d'autres. On peut rencontrer une âme jumelle du même sexe et vivre une amitié profonde et durable. Vous en rencontrez tous et toutes dans votre vie, car nous sommes attirés les uns vers les autres et nous nous regroupons par affinité vibratoire. Plus nous avons de choses en commun, même infimes, plus nous nous attirons.

Amen

Lorsque vous venez de faire une prière quelle qu'elle soit, avec les mots de votre cœur ou ceux que vous aurez trouvés ailleurs, vous souhaitez qu'elle se réalise. Mais vous pouvez aussi la remettre entièrement entre les mains du Divin afin qu'Il y réponde selon ce qui est juste à Ses yeux à Lui et non pas aux vôtres. C'est ce que signifie le terme « amen ». Lorsque vous concluez une prière par « amen », non seulement vous la confiez au Divin, mais plus encore vous Le laissez vous apporter ce qui pourrait le mieux correspondre à ce dont vous avez réellement besoin. Prononcé avec le cœur, ce mot a quelque chose d'une formule magique.

Mais ne vous étonnez pas si, dans mes protocoles, ce terme y est parfois présent, parfois absent. Tous mes rituels me sont transmis directement par les spirites. Chaque mot y a son importance selon le type de demande formulée et d'énergie sollicitée.

Pour ceux qui adorent connaître l'histoire des choses, « amen » est un terme emprunté à la langue hébraïque. Il désignait à l'origine la corde qui relie tous les chameaux d'une caravane. Ainsi, la ficelle est le lien tangible qui apporte à chaque membre de l'expédition l'assurance d'aller dans la bonne direction et de rejoindre l'oasis la plus proche, même s'il ne peut pas voir le caravanier des yeux. Sur un plan symbolique, l'amen est le cordon invisible de la foi qui nous relie à la source infinie de bonté et d'amour. Je trouve cette image très belle.

Ange

Les anges sont les serviteurs infatigables du Divin. Au sens spirite du terme, ils sont de purs êtres célestes et ne se sont jamais incarnés. Ils figurent au rang le plus élevé de la hiérarchie spirite. Ils se dédient entièrement au service divin en nous guidant, en nous protégeant et en nous assistant chaque fois que nous faisons appel à eux. Vouloir les décrire est nécessairement réducteur tant leur puissance et leur bonté sont infinies. Ils sont capables d'agir au même moment à un tas d'endroits différents Si vous pouviez voir, et vous le verrez tous et toutes, tôt ou tard, ne serait-ce qu'une infime partie de ce qu'ils font pour vous, vous en seriez aussitôt empli d'une gratitude infinie.

En tant que médium spirite, je communique au quotidien avec eux. Ils me transmettent de précieux conseils, des prières et des protocoles qui agissent dans nos corps énergétiques pour nous libérer de nos souffrances, de nos limitations ou nous aider à guérir. Autant de bénédictions que je vous transmets intégralement. Pour leur rendre hommage et rendre leur aide merveilleuse accessible au plus grand nombre, j'ai même tenu pendant un temps, à Paris, une boutique intitulée « Trésors des anges » qui leur était entièrement consacrée. On y trouvait des anges dans toutes les postures, activités ou situations pour que chacun, chez soi, puisse se sentir entouré d'une présence invitant à la paix, à la joie, à l'amour ou tout simplement à la douceur.

Parfois, vous vous demandez si vous allez dans la bonne direction. Vous vous posez des questions ou des idées viennent à vous et vous ne savez pas si vous devez les suivre. Dans ces moments, les anges peuvent se manifester à vous sous forme d'intuition, de voix intérieure, mais aussi de signes. Ce sont des animaux ailés, des plumes, des pièces de monnaie, des formes dans les nuages, des parfums fleuris ou encore des nombres doubles, entre autres. Cela peut aussi être un signe qui ne parlera qu'à vous.

Vous me demandez souvent comment prier vos anges. Restez simple et exprimez-leur vos demandes avec le cœur, par exemple de la manière suivante : « Mes anges, aidez-moi, je vous prie. Aujourd'hui, j'ai besoin de votre secours pour m'aider à résoudre tel problème ou telle situation. Merci du fond du cœur. » Ne pensez pas que certains problèmes sont trop insignifiants pour requérir leur intervention. Ils savent que la gestion de vos émotions, de vos pensées et de vos difficultés au quotidien, est l'occasion pour vous de grandir, d'acquérir courage et confiance. Demandez-leur aussi leur assistance lorsque vous avez besoin d'être libéré de certaines émotions afin qu'elles soient transmutées en amour. Et n'hésitez pas à leur demander d'être auprès de vous lors de vos séances de méditation.

Ange gardien

Celui que l'on appelle « l'ange gardien » est un présent infiniment précieux que Dieu Père et Mère vous a fait, à votre conception, pour que vous ne soyez jamais seul dans cette expédition. Votre ange gardien est un esprit supérieur que la divine providence a spécialement chargé de veiller sur vous et de vous accompagner tout au long de ce parcours terrestre. Son rôle est de vous protéger, de vous aider à grandir en conscience et, en cette période, de vous assister dans le processus d'ascension. C'est votre meilleur ami, votre compagnon le plus fidèle et le plus bienveillant. Il reste auprès de ceux qui ne croient pas en lui comme auprès de ceux qui y croient. Cependant, plus vous avez à cœur de suivre ses conseils, plus vous nouez une relation étroite avec lui, par exemple lors de vos méditations, plus ses messages, ses avertissements ou ses encouragements vous seront perceptibles. Votre amour pour lui et votre gratitude ouvrent des voies merveilleuses de communication. Le plus souvent, quand vous êtes passé à deux doigts d'une catastrophe, c'est à son intervention angélique et à celle de vos anges que vous devez votre salut. Mais il en est de même lorsque vous vous interrogez au sujet d'une chose ou que vous êtes aux prises avec une situation compliquée et qu'une solution s'offre subitement à vous sous forme d'une lecture, d'une rencontre, d'un thérapeute. Remerciez-le régulièrement de son assistance, même celle dont vous n'avez pas conscience.

Ange tutélaire

La Kabbale, sagesse traditionnelle du judaïsme, répertorie 72 anges. À chacun d'entre eux correspond une période de cinq jours sur le calendrier annuel. Ainsi, selon votre date de naissance, vous pouvez identifier le nom d'un ange. Je ne dirais pas qu'il s'agit nécessairement de votre ange gardien, mais d'un ange tutélaire auquel vous pouvez évidemment demander aide et soutien. Chacun de ces 72 anges gouverne certaines forces, talents et initiations spécifiques. Si vous vous sentez interpellé par l'une d'entre elles, rien ne vous empêche de prier l'ange qui en a la charge, même si ce n'est pas votre ange tutélaire. Vous le voyez, les moyens que vous avez de les solliciter sont variés. Laissez votre cœur vous guider et n'hésitez pas à utiliser les pierres comme moyens de communication. Les cristaux, en raison de leur conception, leur pureté, leur géométrie sacrée, dégagent des vibrations que vos anges percevront et qui peuvent également agir sur vos corps énergétiques. Je vous conseille de commencer par chercher la pierre qui correspond à votre ange tutélaire. Vous trouverez cela facilement sur internet. Vous pourrez alors vous la procurer. Puis demandez un rendez-vous avec l'ange en question en fixant un jour et un horaire. Quelques instants avant, faites brûler un peu de benjoin pour purifier l'espace dans lequel vous vous trouvez et en élever les vibrations. Passez également votre pierre sept fois au-dessus de la fumée. Puis prenez-là dans vos mains. Détendez-vous et méditez depuis votre cœur en demandant à entrer en contact avec cet ange et demandez-lui d'être auprès de vous chaque fois que vous prendrez la pierre dans votre main. Remerciez-le du fond du cœur.

Animal de pouvoir

Dans le monde invisible, tout ce qui vit sur la Terre apparaît doté d'un esprit, la plante qui pousse près de vous, le rocher sur lequel vous vous asseyez, l'arbre qui vous protège du soleil, l'animal que vous chérissez. Et cet esprit est relié au Grand Esprit auquel il appartient. Ainsi, lorsque vous sentez une violette, si vous la remerciez de son parfum et louez sa beauté, son énergie grandit et se renforce. Dans cette connexion d'amour vibration qui se crée, vous pouvez aussi entrer en contact avec l'esprit de la violette, le pouvoir de sa couleur, de son essence pure, protectrice, et qui ouvre à la communication avec les fées.

Votre animal de pouvoir est un don précieux que vous a fait le créateur. Il s'agit d'un animal avec lequel vous êtes en affinité et dont l'esprit peut vous protéger et vous guider. C'est en quelque sorte un guide spirituel que votre âme a choisi pour l'aider à progresser dans cette incarnation. Il vous aidera à rencontrer vos dons psychiques en vous reliant à ses qualités spirituelles et énergétiques pour mieux les développer en vous-même. Comprenez bien que l'animal de pouvoir est un être de lumière spirite qui n'est que pur amour. Si l'aigle incarné peut sembler cruel en tant que prédateur, l'esprit de l'aigle aide à acquérir la sagesse d'assumer la responsabilité de ses actes. Si l'écureuil semble perdre la moitié des caches de ses noisettes, sa générosité permet à la forêt de se régénérer. L'esprit de l'araignée apporte la connaissance de la géométrie sacrée, la capacité à croire en son but et à surmonter les restrictions des croyances collectives, à protéger le collectif de la méchanceté, entre autres…, bien loin de l'image hostile que l'on peut se faire de la bestiole.

Pour connaître votre animal de pouvoir, vous pouvez demander aux spirites de vous envoyer des signes dans le monde visible ou bien à votre âme de vous donner une image, une impression lors d'une de vos méditations. C'est souvent un animal que vous aimez, mais il peut aussi vous déplaire. Ce sera alors l'occasion d'un travail pour changer vos idées reçues à son sujet et découvrir quelles merveilleuses qualités se cachent réellement sous une apparence peu flatteuse.

Si vous connaissez votre guide animal, une façon de mieux vous relier à son pouvoir est de faire des offrandes à son esprit. Encore une fois, s'il s'agit de l'écureuil, offrez-lui des noisettes ou des graines, des fruits, de l'eau magnétisée, un parfum, de l'encens, ou quoi que ce soit qui vous vienne à l'esprit. Cette offrande peut être tangible ou émaner de votre esprit ou de votre cœur, comme honorer son esprit de votre amour.

Animaux de compagnie

Parce qu'ils ne peuvent pas s'exprimer par la parole, les chats et les chiens qui nous côtoient dans l'intimité depuis si longtemps sont devenus des experts pour scanner nos énergies. Ils perçoivent instantanément nos pensées, nos émotions, et nous apportent véritablement leur aide.

Il n'y a pas de hasard dans le monde spirite. Si un chat ou un chien est près de vous, c'est qu'il a accepté cette mission de vous aider d'une manière ou d'une autre. Certains animaux absorbent tellement fort les énergies de leur maître qu'ils prennent leur mal et tombent malades ou meurent à leur place. Les chats en particulier perçoivent très bien notre aura et le monde subtil. Ils nous protègent des énergies négatives qu'ils sont capables de neutraliser ou encore réparent notre aura.

Sachez que votre chat ou votre chien est relié à la conscience collective de son groupe respectif. Ce collectif n'a pas pour mission d'évoluer en tant qu'espèce, mais de nous aider, nous, dans notre processus d'ascension. N'avez-vous jamais été touché par la pure innocence de votre animal ? En l'admirant chez lui, il la réveille chez vous. À ses côtés, vous la laissez s'exprimer.

Leur soutien d'amour inconditionnel est un baume pour vos corps énergétiques. Avec eux, vous apprenez à communiquer par télépathie et cela vous ouvre à d'autres voies. Ainsi, à certains égards, nos animaux de compagnie sont nos gardiens, nos enseignants. Aimez-les, respectez-les, et vous grandirez avec eux.

Arbre

Au contact des arbres, nous nous sentons mieux : allégés, apaisés, régénérés, fortifiés ou harmonisés. L'arbre est d'une grande pureté spirituelle. Il puise son énergie directement dans la lumière et lui donne une existence matérielle au travers de son tronc, de son feuillage et de ses fruits. En consommant ses fruits en conscience, vous pouvez assimiler bien plus que des nutriments, vous absorbez une énergie, une force, une sagesse.

Les arbres ont une existence spirite, sans parler des autres esprits qui peuvent habiter en lui. L'esprit de chaque arbre est détenteur d'une grande sagesse. Certains sont dépositaires de secrets de guérison, de savoirs prophétiques, de connaissances, d'amour infini. Ils peuvent vous enseigner des secrets de la nature ou même vous révéler des choses à votre sujet. À leur contact, il est possible de recevoir force, protection, intuition. Les arbres sont bien des portes sur le monde de l'invisible.

Lorsque vous vous baladez dans la nature, engagez cette communication de cœur à cœur avec un arbre. Laissez-vous porter vers celui qui vous plaît ou vous appelle. Lorsque vous êtes à cinq ou six mètres de lui, demandez-lui, avec respect, l'autorisation de pénétrer dans son aura. Approchez-vous en silence de ce grand être de la nature. Votre admiration pour sa beauté ou sa majesté, votre amour pour lui, votre gratitude pour la divine mission qu'il remplit sur Terre, ouvrent une connexion. C'est en lui envoyant votre amour que vous pourrez la ressentir. En vous abandonnant à cet échange, des perceptions pourront survenir, des batteries se recharger. Mais lorsque vous quitterez votre arbre, vous le remercierez du fond du cœur. Priez pour qu'il ait une longue vie en pleine santé. Apportez-lui au besoin un soin, débarrassez-le du bois mort, écoutez votre intuition pour voir s'il aurait besoin d'un engrais ou de quelque chose de particulier.

La connexion que vous avez créée va perdurer bien au-delà de votre visite. En repensant à cet arbre, et surtout si vous lui rendez visite régulièrement, vous retrouvez la force ou l'équilibre, même à distance. Dans l'invisible, vous serez liés par les liens du cœur, par-delà l'espace et le temps.

Ascension

Ce que l'on appelle « ascension » est le terme d'un processus d'expansion de conscience. Il décrit la fusion permanente de l'être humain avec son essence divine. Ce processus, qui a débuté il y a des milliers d'années, a été marqué par une première étape qui fut l'incarnation du maître appelé Jésus. Il a montré à tous qu'il était possible de « prendre » toutes les souffrances, toute la noirceur du monde, et de les transformer en lumière par la force de son amour. Il a ainsi ouvert la voie et nous a montré ce chemin d'espoir qui sera le nôtre individuellement et collectivement.

Il arrive parfois que nous parvenions à nous unir à notre essence divine, quelques instants, pendant nos méditations ou nos prières, mais cela reste encore très fugace. Lorsque nous aurons appris à maintenir cela, y compris dans nos activités, nos relations, notre vie de tous les jours et au sein de notre corps physique, nous aurons réalisé ce processus qui est inexorable.

Vous pouvez voir l'ascension comme une échelle dont vous pouvez monter chaque jour un petit barreau. Vous avancez sur cette voie chaque fois que vous élevez vos pensées et vos sentiments, mais aussi lorsque vous parvenez à inclure dans votre amour tout ce que vous n'aimez pas encore, tout ce qui vous dérange ou dont l'apparence est la plus repoussante. Souvenez-vous des contes de votre enfance. N'est-ce pas lorsque la princesse embrasse le crapaud et étreint cet animal à l'apparence si peu flatteuse qu'un merveilleux prince apparaît ?

Une autre des clés pour remonter cette échelle consiste à augmenter continuellement la vibration de vos corps énergétiques de sorte que votre corps physique vibre de lumière pure. Mais si vous voulez un passeport pour l'ascension, transformez votre vie depuis l'énergie de la joie. Mettez de la joie dans tout ce que vous faites, soyez la joie, consacrez-vous à ce qui vous met en joie. Et cette énergie appellera toujours à vous de bons esprits qui vous soutiendront dans tous les moments de cette progression vers votre état d'être de lumière.

Aum

Voilà l'un de mes secrets spirites préférés : une syllabe sacrée aux pouvoirs infinis. Parce qu'il n'est pas facile, avec les sollicitations du travail, de la vie active et des réseaux sociaux, de maintenir une vibration suffisamment élevée.

Celle dont nous avons besoin pour être alignés sur notre discernement, nos capacités psychiques ou tout simplement sur la fréquence d'amour vibration aujourd'hui requise. En quelques minutes ou en quelques secondes, faire vibrer sa voix sur le son de cette syllabe nous réaligne sur un haut niveau vibratoire. C'est une fréquence dans laquelle vous vous sentez uni à votre soi divin, dans lequel vous êtes en paix, dans la pleine acceptation et l'amour de vous-même. Cette vibration correspond à un état de plénitude et de rayonnement intérieur propice à l'harmonie, à l'inspiration, à la protection et l'accomplissement de votre mission sacrée.

Chanter le « aum » vous aide à raccrocher cet état de fusion de vos plans mental, physique et spirite et à atteindre cette unité corps-âme-esprit. Il réunifie le passé, le présent et le futur.

D'où vient-il ? Ce son primordial renferme tous les secrets de l'Univers. C'est un son qui a structuré l'Univers selon le principe « le verbe s'est fait chair ». Toute la création émane de ce son sacré primordial. Vocalisé quotidiennement, il aide l'être humain à intégrer la cinquième dimension (voir « Dimension ») et à entrer en contact avec sa réalité ultime.

Voici comment apprendre à le chanter.

Asseyez-vous et placez une main à plat sur le thorax (sternum), l'autre au sommet de la tête, afin de bien ressentir les vibrations dans votre corps. Vous devrez faire vibrer les trois phonèmes A, U et M.

Gardez les lèvres entrouvertes et inspirez profondément par le nez.

Sur l'expir, bouche ouverte, commencez par faire vibrer le âââââ, puis progressivement le « auuuu », bouche entrouverte pour obtenir un son grave et uniforme.

Allez jusqu'au bout de l'expiration et terminez-la en fermant la bouche et en contractant les abdominaux pour chasser le reste d'air en émettant un « m… » musé qui bourdonne dans le crâne.

Si cela ne vous est pas possible de le chanter là où vous êtes, murmurez-le, écoutez-le ou interprétez-le mentalement, ce sera déjà bénéfique.

Vous pouvez aussi utiliser sa représentation visuelle. Imprimé ou en objet de décoration, le symbole du « aum », à lui seul, dégage des ondes positives.

B

Baguette (magique)

B

Les puissants ont toujours possédé des sceptres, à commencer par les dieux, les rois égyptiens, puis les hauts dignitaires religieux (bâton pastoral, crosse papale), les chefs militaires, les druides, les sages… Un sceptre n'est autre qu'un bâton doté de pouvoirs spirites.

Ces pouvoirs ne sont plus réservés qu'à des seuls « élus » ni à une transmission familiale. C'est à vous de vous emparer de vos dons spirites et de les développer. Le bâton ou la baguette servent alors à concentrer la volonté, l'intention, la qualité de l'esprit, et à les projeter dans quelque chose de tangible. Ainsi la baguette est-elle inhérente au travail du magicien, de la sorcière ou du chamane comme de tout autre guérisseur ou travailleur spirite.

Le bâton devient en quelque sorte une extension de la main, chargée de puissance spirituelle, et ce d'autant plus qu'elle aura reçu des spirites une consécration à tel ou tel usage. Ainsi, le bâton du chamane devient instrument de soin, celui du sourcier instrument de détection de l'eau, etc. Les baguettes de radiesthésie en cuivre, bien employées, peuvent également servir à prodiguer des soins énergétiques, à identifier les zones de rayonnements nocifs dans l'habitat (failles, réseaux telluriques), à y apporter des corrections et bien d'autres. Il y a autant de baguettes que d'usages.

C'est un peu la même chose avec le pendule. Lui aussi est un prolongement ultrasensible du corps humain afin de rendre clairement visibles les perceptions et d'amplifier l'action de votre esprit sur la matière. Aussi le pendule peut-il tout aussi bien se transformer en baguette magique. Dans ce cas, il chasse vos douleurs, répond à vos questionnements, réalise des vœux… Celui que j'ai créé concentre les pouvoirs du Huit sacré à ceux de la Merkaba (voir « Merkaba »), lui conférant une puissance exceptionnelle. Il est universel. Il peut être consacré aux soins énergétiques, il sera alors beaucoup plus puissant et efficace qu'un autre. Il peut transformer l'énergie des choses et des lieux. Il peut servir à la communication avec le monde spirite. C'est vous qui lui fixez son usage et ses limites. Mais je vous recommande bien d'avoir un pendule, quel que soit celui que vous aurez choisi, pour chaque usage, exactement comme chez vous avec vos autres ustensiles. Le couteau de jardin n'est pas celui à pain, qui n'est pas celui à viande, etc. Lorsque vous aurez défini cet usage, fixez un rendez-vous avec les spirites en leur demandant de bénir votre pendule ou baguette et de le consacrer. Afin qu'il soit placé sous leur protection et qu'avec leur aide, vous obteniez de parfaits résultats pour la fonction *[nommez-la]* que vous avez déterminée.

Balai

L'image de la sorcière avec son balai s'appuie sur une réalité spirite. Vous pouvez faire de votre balai un puissant instrument de nettoyage et de protection spirite. Autrefois, les balais étaient fabriqués en matériaux naturels, le plus souvent en bois de frêne pour le manche et en brindilles de houx, genêt, bouleau ou bruyère pour la brosse, selon ce dont on disposait sur place. Les initiés choisissaient leurs essences avec soin et y ajoutaient encore d'autres plantes comme le romarin pour accentuer leur puissance psychique.

Bien au-delà des impuretés physiques, le premier pouvoir du balai est d'aider à dégager les énergies néfastes de chez soi. Vous pouvez même balayer l'espace et les murs, sans toucher le sol, en l'accompagnant de la conscience que vous mettez dans une poubelle imaginaire tout ce qui est mauvais. Placez cette poubelle imaginaire dans un endroit précis, à l'écart de toute plante, animal ou effet personnel. Lorsque vous aurez fini, fermez-la mentalement et envoyez-la vers le noyau de la Terre en la visualisant purifiée par son feu divin. Ainsi, toute énergie néfaste aura été dégagée de chez vous. Si cela vous aide, au début, matérialisez votre poubelle par un petit bol de verre, d'eau et de gros sel que vous jetterez dans les toilettes après avoir fait semblant de cracher dessus sept fois.

Traditionnellement, le rituel de purification au balai était particulièrement important au passage de la nouvelle année. Car le balai symbolise le grand nettoyage énergétique que l'on réalise chez soi en fin d'année pour se libérer de tout ce qui nous a encombré et accueillir les nouvelles et bonnes énergies du Nouvel An. Dans les pays scandinaves, par exemple, la coutume était alors de balayer soigneusement sa maison avant Noël en vue de la visite de Dame Percht, descendante de la déesse Freyja, pour bénéficier de sa bénédiction pour son foyer.

Le balai détient une fonction sacrée de purification, mais aussi de protection pour faire barrage aux énergies nocives et même contrer le mauvais œil. En Afrique, le balai était utilisé devant la porte pour chasser les mauvais esprits. Dans nos campagnes, les anciens adossaient le balai, brosse en haut, à une porte lorsqu'ils voulaient protéger leur enfant ou leur foyer des invisibles néfastes et faire barrage aux énergies négatives. Il était ainsi courant de le placer dans cette position le soir venu à la porte d'entrée.

Je vous recommande, lorsque vous emménagez dans une nouvelle maison, d'acquérir un nouveau balai. Vous commencez une nouvelle histoire et démarrez avec de nouvelles énergies. Vous pouvez aussi, avec l'aide des spirites, consacrer un balai à usage de purification et un second à usage de protection.

Par ses pouvoirs spirites, le balai faisait partie de nombreux rites comme le mariage. Dans certaines cultures, les jeunes mariés effectuent un saut au-dessus d'un balai en signe de franchissement de seuil dans l'existence. Dans d'autres, on agite un balai au-dessus du jeune couple pour le dégager du mauvais sort afin qu'il puisse vivre heureux. On peut aussi y voir la symbolique d'un acte sexuel par l'union équilibrée des forces masculine (manche) et féminine (brosse).

Et si on regardait avec une gratitude renouvelée tous les agents d'entretien, ceux dont le métier est de dégager les impuretés de nos lieux de vie ou de passage ? Autrefois, cette mission sacrée était réservée à ceux dont le cœur était parfaitement pur tant celui qui nettoie détient le pouvoir de rétablir la paix ou d'instaurer la discorde.

B

Bénir

C'est l'un des actes spirites que je préfère. Parfois, les choses les plus puissantes sont aussi les plus simples. Bénir sa nourriture, bénir sa journée, bénir une personne que vous croisez, une situation qui vous arrive, même si elle est conflictuelle ou douloureuse, constitue un moyen extrêmement puissant de changer l'énergie des choses. Ce geste de la conscience ouvre une porte à la lumière et à l'amour, leur permettant de les transformer.

Bénir est un acte simple. Il s'agit de reconnaître le caractère sacré de chaque chose, de chaque être vivant, de chaque situation et le bien infini qu'ils renferment. Chaque fois qu'une chose vous vient à l'esprit, cela signifie qu'elle est physiquement dans votre vie. En faisant l'effort et le don d'amour de la bénir, les spirites viennent à vos côtés pour vous aider à éliminer vos pensées non cohérentes, à transmuter vos émotions et vos énergies.

Cette bénédiction permet à la situation d'être enveloppée de lumière divine. Vous semez et répandez des graines de lumière, de paix et d'amour. Elles vont grandir, fleurir et changer le monde autour de vous. Votre fréquence vibratoire s'élève.

Si vous vous demandez comment bénir, sachez que c'est avant tout l'intention qui compte. Vous pouvez tout simplement dire : « Je bénis cette personne, ce conflit, cette épreuve, cette nourriture » ou demander au Divin Père, à la Divine Mère ou au dieu auquel vous croyez de le faire pour vous. Vous pouvez aussi le formuler de la manière suivante : « Par l'amour infini et inconditionnel, je bénis cette situation et demande que les énergies de paix et d'amour enveloppent tous ceux qui sont concernés. » Ou encore : « Par l'amour infini et inconditionnel, je bénis cette situation pour tout ce qu'elle me permet de guérir et de libérer. »

Benjoin

Allié incontournable du quotidien, le benjoin est un trésor et un remède à beaucoup de nos problèmes. Chaque fois que quelque chose ne va pas, chez vous, avec vous, commencez par programmer avec les spirites une purification au benjoin. Le benjoin est une résine extraite du styrax. Cette merveilleuse poudre de bois parfumée s'utilise en fumigation. Elle chasse les énergies négatives, purifie l'espace et élève les vibrations. L'harmonie s'en trouve rétablie.

B

J'apprécie tout particulièrement le benjoin pour ses propriétés spirites. La pureté des vibrations qu'il dégage appelle auprès de vous de bons esprits pour vous aider, vous soutenir ou vous accompagner dans l'accomplissement de vos actions. Votre protection spirite y gagne en force et solidité. La qualité de ses vibrations attire à vous plus de chance et de prospérité.

Lorsque vous souhaitez procéder à une purification, que ce soit pour votre aura, votre lieu de vie, vos objets, vos chaussures, vos photos, etc., je vous recommande de prendre rendez-vous quelques jours avant avec les spirites en précisant ce que vous souhaitez purifier, le jour et l'heure de votre intervention. Vous aurez besoin de vous procurer un encensoir, du charbon ardent, de la résine de benjoin en grains. Choisissez-la en prenant soin de vérifier qu'elle soit 100 % naturelle. Il vous faudra également, afin de ne pas les toucher avec les doigts, une pince pour attraper le charbon, et une petite cuillère en bois pour manipuler l'encens. Pour accomplir votre rituel, il vous suffit alors d'allumer le charbon, de le placer sur l'encensoir, puis d'y déposer quelques grains de benjoin. Pour votre propre purification, passez sept fois au-dessus de la fumée, puis allez jeter le charbon dans les toilettes après avoir fait semblant de cracher sept fois dessus. Pour vos objets, même chose, faites-les passer sept fois au-dessus de l'encens. Pour votre maison, partez de la porte d'entrée, dos à la porte, et circulez en allant dans le sens inverse des aiguilles d'une montre. Il vous faudra ensuite bien aérer pendant au moins 15 minutes.

Vous pouvez aussi brûler un peu de benjoin avant vos méditations et vos prières, ou pour clarifier vos idées. En élevant vos vibrations, son odeur vous aide à accéder aux messages de votre soi divin ou à ceux de vos anges. Elle réinstalle la paix en vous et crée un chemin pour vous reconnecter à vous-même.

Bougie

Les êtres de lumière m'ont toujours dit : « Où que tu ailles, que tu entres dans un lieu saint, un lieu particulier, allume une bougie »... J'allume ma bougie pour être en contact avec des forces de lumière... Je libère mon esprit et fais une prière... L'instant est sacré.

Si les bougies nous fascinent tant, c'est que nous ressentons au plus profond de nous le lien qui se crée avec des forces qui nous dépassent. La flamme de la bougie est de nature spirite. Elle crée une connexion avec les êtres de lumière. Voilà pourquoi la plupart des rituels magiques s'appuient sur sa flamme sacrée. Mais avant d'utiliser la bougie pour transmettre nos vœux, nos souhaits et nos prières, nous pouvons l'allumer pour méditer sur notre propre lumière.

Chaque fois que vous sentez la joie s'amenuiser en vous, que vous commencez à ruminer du négatif, vous pouvez faire le choix de vous poser quelques instants et de réaliser que vous êtes, vous aussi, à l'image de cette bougie, une source de lumière. Comme elle, vous n'avez pas à vous soucier de vous protéger de l'obscurité. Recentrez-vous sur la lumière qui illumine votre cœur et sachez que vous pouvez apporter cette lumière d'amour dans toutes les parties de vous-même. Avec elle, allez visiter toutes les pièces de votre maison intérieure, y compris la cave et les combles, afin que sa lueur vous révèle les trésors qui s'y trouvent. Voilà un exercice puissant de développement spirituel. Ce faisant, cette illumination intérieure vous aide à recréer une connexion avec votre essence divine et vous permet de voir votre situation sous un nouvel angle et de repartir avec de meilleures énergies.

Cette démarche n'est pas très éloignée de la tradition juive de Hanoukka, au cours de laquelle les bougies allumées lors des huit jours de la célébration annuelle sont une manière de cheminer intérieurement jour après jour vers sa propre lumière et ainsi se reconnecter à sa source. De là, tous les miracles sont possibles…

La magie de la bougie est universelle. Elle peut être allumée en offrande au divin pour remercier les spirites de leur bienveillance à vos côtés. Et bien sûr, elle peut être utilisée lors de protocoles destinés à soutenir nos demandes, qu'il s'agisse de purifier, de chasser le négatif ou de souhaits concernant la santé, l'amour, la prospérité, le développement des pouvoirs spirites…

Le plus simple des rituels consiste à prendre rendez-vous à l'avance avec les spirites pour être à vos côtés lors de ce protocole et de réfléchir à votre demande, courte, précise, unique. Juste avant, vous vous serez bien purifié. Dès lors, vous pourrez, à l'heure de votre rendez-vous, graver votre demande sur la bougie avec un cure-dent, en commençant par le bas et en écrivant en remontant tout en la faisant tourner sur elle-même. Laissez au moins 1 cm de libre avant la mèche pour que l'énergie ait le temps de prendre place avant d'atteindre votre demande. Placez-la ensuite sur un bougeoir. Allumez-la en disant à voix haute la prière suivante :

« Énergie de Lumière, Énergie de la Vie, je te donne ma demande *[prononcez votre demande]*. Entoure-la de ton dôme de lumière. Élimine et supprime le négatif de ta flamme. Cela se fait dans l'ici et maintenant. Merci, Énergie de Lumière. »

C'est la force de votre intuition, la pureté de votre demande et votre confiance qui sont des éléments déterminants dans la réalisation de votre souhait. Il est important, à ce stade, de laisser la bougie se consumer sans l'arrêter en la disposant dans un lieu sûr et de reformuler mentalement votre demande pendant les sept prochains jours.

Il existe une vraie science spirite de la bougie dont les pouvoirs spécifiques varient selon leurs couleurs ou le saint auquel elles sont dédiées (pour en savoir plus, voir la bibliographie).

La bougie a plus de pouvoir lorsqu'elle a été consacrée par les spirites, c'est-à-dire lorsque de bons esprits l'ont chargée de leurs énergies. Ainsi, de façon traditionnelle, les bougies bénies lors de la Chandeleur ou de Pâques étaient précieusement conservées dans les familles. Elles étaient soit suspendues derrière les portes pour protéger les habitations, soit allumées en cas de maladie ou de fléau pour appeler une aide spirite. Vous pouvez vous aussi demander aux spirites un rendez-vous pour consacrer et bénir vos bougies, mais c'est la manière dont vous les utiliserez qui leur donnera tous leurs pouvoirs… Vous pouvez utiliser ma bougie Huit sacré déjà chargée par les spirites…

C

Canalisation

La canalisation décrit une pratique de la médiumnité dans laquelle le médium entre en contact avec des âmes désincarnées et en reçoit les messages (voir « Médiumnité ») parce qu'il les voit et/ou les entend directement. Cette communication peut être à double sens : il peut recevoir des informations et leur en demander à son tour, de sorte qu'un dialogue peut s'installer.

Être médium en soi ne garantit pas la qualité du message délivré. Tout dépend des protections dont vous vous êtes entouré, de votre moralité, donc de ce que vous aurez capté. Mais lorsque le médium est suffisamment élevé dans son évolution spirituelle et sa fréquence vibratoire, que son intention est de servir le bien, alors des esprits supérieurs viennent à lui. Des anges, des guides spirituels, des maîtres ascensionnés peuvent spontanément se présenter à lui pour lui transmettre des messages qu'il diffusera à son tour. Ils peuvent lui conseiller prestement de faire certaines choses ou encore lui donner des informations lors de ses soins ou consultations qui accéléreront la guérison physique, psychique ou émotionnelle. Cette canalisation spirite est celle que je pratique depuis toujours.

Cauchemar

L'apparition de cauchemars ne doit pas être prise à la légère. Souvent, ils sont le miroir de vos peurs et de vos angoisses. Toutefois, leur nature effrayante, violente ou récurrente doit vous alerter sur la présence autour de vous d'entités néfastes. Si vous n'aviez pas perçu leur présence, les cauchemars peuvent constituer un indice qui les trahit. Il vient vous alerter sur la nécessité de recourir à une purification de type dégagement. Vous trouverez dans mes livres des protocoles à cette fin et, dans certains cas, il vous faudra faire appel à un énergéticien. En résumé, si un cauchemar isolé ne doit pas vous inquiéter, n'attendez pas pour agir si le phénomène persiste.

Si votre bébé pleure beaucoup la nuit, il est possible que ce soit lui qui en soit affecté. Les jeunes enfants étant beaucoup plus ouverts aux mondes subtils, ils y sont aussi plus vulnérables. Autrefois, chaque culture avait ses propres rites spirites pour protéger les nourrissons. Au Maghreb, par exemple, nos mères disposaient du sel et un couteau ouvert sous le matelas. Vous pouvez vous aussi protéger votre nouveau-né en accrochant au-dessus de son berceau ou de son lit l'image d'un ange, d'un saint ou d'un protecteur de votre confession. Vous pouvez également placer sous son matelas un talisman spirite ou un pentacle de protection comme celui du triangle divin de l'abbé Julio. Un autre protocole consiste à disposer des coupelles de sel aux quatre coins de la pièce que vous renouvelez tous les trois jours. Enfin, vous pouvez accrocher au-dessus de la porte de sa chambre un petit carré de papier rouge sur lequel vous aurez écrit l'invocation de protection suivante :

« AOR MÉBAËL ISRAËL NATHANEL

AOR MÉBAËL SERAPHIM ATATURIM

AOR MEBAËL IMERON DIDASCALON THEON. »

Centrage

Si vous faites du vélo, vous savez que lorsqu'une roue se décentre et vient frotter un patin de frein, il faut fournir beaucoup plus d'efforts pour avancer et, parfois même, il ne devient plus possible d'aller de l'avant. Pour vos corps énergétiques, c'est un peu la même chose. Votre centre de gravité énergétique se situe dans votre cœur physique, à mi-chemin entre votre tête, connectée au ciel, et votre ventre, ancré au cœur de la terre.

Vos différents corps énergétiques entourent votre corps physique telles des poupées russes. S'ils sont déséquilibrés, votre centre de gravité bouge. Il peut même se trouver hors de votre corps physique, vous vous sentez alors désaxé, dépassé dans tout ce qui vous arrive. À l'inverse, plus vos corps énergétiques sont centrés, plus vous êtes aligné avec votre divine présence, dans l'ici et maintenant, en pleine efficacité de pensée et d'action.

Un bon centrage autorise un fonctionnement harmonieux de vos énergies, donc également une meilleure santé de votre corps physique. Il est le garant de votre équilibre de tous les jours.

Personnellement, je le pratique chaque jour et parfois même plusieurs fois par jour. Lorsque l'on voyage, lorsque l'on accuse un choc émotionnel ou lorsque les pressions atmosphériques varient d'un seul coup, comme quand il pleut, nos polarités yin réceptives et yang émettrices peuvent s'inverser et nos corps se déséquilibrer. Les recentrer va tout réharmoniser.

Vous pouvez vous recentrer en pratiquant certaines activités, par exemple colorier un mandala, pratiquer des automassages énergétiques ou des arts énergétiques tels que le tai chi, le qi gong ou autres. Mais je vous recommande d'apprendre une technique spécifique pour recentrer efficacement et rapidement vos corps. Je vous transmets aujourd'hui celle qui m'a été donnée par les spirites et que je mets en application au quotidien.

Vous vous mettez debout et, doigts joints, vous plaquez votre main droite sur votre nombril. Avec votre main gauche, toujours doigts joints, venez frotter trois fois la zone qui se trouve juste au-dessus et au-dessous de votre bouche, en faisant un ciseau entre l'index et le majeur, votre main droite toujours plaquée sur le nombril. Puis, doigts joints toujours, frottez votre main gauche sur le creux palpable en haut de votre poitrine, là où votre cou rejoint votre sternum. Enfin, toujours main droite plaquée sur le nombril, frottez votre sacrum, toujours trois fois de suite. Puis venez placer votre main gauche sur votre main droite de façon à retirer votre main droite sans découvrir votre nombril. Reproduisez alors les mêmes gestes avec la main droite. Si vous êtes gaucher, inversez tout, évidemment. Lorsque vous aurez terminé, votre corps sera parfaitement recentré.

Cheveux

Depuis aussi longtemps que je me souvienne, j'ai toujours adoré coiffer les cheveux de mes proches. Dès l'enfance, j'avais remarqué, bien avant que je devienne guérisseuse, qu'il se passait des choses magiques au contact de mes mains sur les cheveux. Je pouvais retirer des maux, redonner le sourire ou faire arriver de belles choses. C'était aussi pour moi un moyen de percevoir des informations directes depuis l'âme des personnes.

Progressivement et avec l'expérience, j'ai découvert que nos cheveux sont les gardiens de tous nos secrets et qu'ils détiennent de précieux pouvoirs spirites. Ils assurent une forme de lien tangible avec le monde invisible et celui des esprits.

Ils peuvent vous aider à renforcer votre protection, à développer votre médiumnité, à vous débarrasser de la malchance ou à vous créer un puissant porte-bonheur. Ainsi, le cheveu se prête merveilleusement à la magie spirite.

Je vous propose ce rituel de protection spirite que j'aime particulièrement et que vous pouvez tous accomplir, que vous ayez les cheveux courts, longs ou que vous soyez chauve. Prenez rendez-vous pour un jour et un horaire précis avec les spirites, une semaine avant, pour une protection. Ce jour-là, purifiez-vous bien avant le rendez-vous. Prenez un bol transparent et déposez-y une grosse poignée de gros sel. Coupez une toute petite mèche de vos cheveux ou de sourcils que vous placez dans le bol. Prenez ensuite un petit peu de votre salive entre votre pouce et votre index, imprégnez-en votre petite mèche, puis mélangez-la au gros sel avec vos doigts tout en prononçant la prière suivante :

« Chers spirites, permettez-moi de toujours demeurer sous la protection de votre lumière et de votre amour. Soyez mes protecteurs dans les épreuves de cette vie terrestre. Donnez-moi la force, le courage et la résignation ; inspirez-moi tout ce qui est bon, retenez-moi sur la pente du mal ; que votre douce influence pénètre mon âme ; chers spirites, que votre volonté soit faite. Ici et maintenant. »

Ensuite, placez le bol sous votre lit. Laissez-le en place pendant sept jours, puis jetez son contenu dans les toilettes.

En prenant soin de vos cheveux, vous prenez soin de votre âme, vous vous permettez de mieux exister, de mieux rayonner. Pour ceux qui veulent aller plus loin, mon ouvrage *Vos cheveux, miroir de votre âme* vous permettra de faire votre bilan de santé et vous donnera tous les rituels et protocoles pour explorer toute la magie des cheveux.

Citron

J'adore le citron. Voilà un cadeau divin, un fruit providentiel pour l'être humain qui ne cesse de m'émerveiller. Tout d'abord pour ses vertus médicinales. Ce fruit regorge de vitamines, minéraux et oligoéléments. Ses propriétés antibactériennes sont puissantes. Un jus de citron pressé dans un verre d'eau contribue au quotidien à une bonne immunité. Il harmonise le système digestif et détoxifie l'organisme. Quant à son zeste, son action préventive contre les maladies cardiovasculaires est notable.

Mais le citron est également un précieux allié spirite dans notre vie quotidienne pour son pouvoir de purification énergétique. Chaque jour, quantité de négativités viennent s'accrocher à votre aura comme le font les petits fruits du gaillet gratteron qui s'accrochent à vos vêtements ou au pelage de vos animaux lorsqu'on les touche. Qu'elles émanent de nos pensées, de nos émotions ou de nos liens négatifs avec certaines situations, personnes ou encore du monde extérieur, ces négativités doivent être éliminées quotidiennement pour éviter un affaiblissement de vos énergies.

L'huile essentielle de citron, *Citrus limonum*, se révèle être un auxiliaire incontournable. Nombre de mes rituels spirites font appel à ses propriétés. Ainsi, deux ou trois gouttes dans un bain auquel vous avez versé 1 kg de gros sel non traité agiront en profondeur pour désincruster votre aura de ses négativités. En complément de votre lessive ou de votre assouplissant, ces mêmes quelques gouttes aideront au nettoyage énergétique de vos linges et vêtements. Vous pouvez également purifier vos cristaux* en les laissant 24 heures dans un récipient en verre additionné d'une pincée de gros sel et de trois gouttes d'huile essentielle de citron.

Je m'en sers aussi comme base pour fabriquer mes sprays de purification. Ce sont des mélanges composés de 30 ml d'alcool à 70°, de 20 ml d'eau de source et de 20 gouttes d'huile essentielle de citron, autant d'huile essentielle d'encens oliban et d'huile essentielle de néroli (pour un flacon de 100 ml). Vous n'avez alors plus qu'à mélanger, vous en asperger les mains de trois pschitts et nettoyer votre aura de haut en bas.

Si le citron purifie le corps, l'esprit, l'aura..., il peut aussi vous aider à découvrir votre magnétisme. Commencez par

---

* Exception faite de ceux qui ne doivent pas être plongés dans l'eau, comme la tourmaline noire, l'ambre, le jade, la malachite, l'angélite...

prendre deux citrons identiques, laissez-en un devant vous et prenez l'autre dans vos mains. Regardez-le avec amour et gratitude pour tous les bienfaits qu'il vous apporte. Approchez-le de votre bouche et insufflez-lui cet amour quelques instants. Observez-le ensuite. Ressemble-t-il à celui que vous n'avez pas touché ? Maintenant, vous pouvez imaginer qu'une colonne de lumière céleste se déverse sur vous et traverse votre corps pour se répandre dans vos mains. Chargez votre citron de cette lumière et de cette énergie d'amour. Faites-le 3 ou 4 minutes pendant quelques jours et soyez bien attentif. Votre citron va se momifier. Le magnétisme que vous lui avez transmis va le conserver et empêcher sa décomposition. Vous n'aurez qu'à observer les différences et ainsi constater la conséquence directe de votre magnétisme.

Le citron détient encore plein de secrets… Je viens de découvrir que l'on peut allumer un feu avec un citron et quelques clous… N'hésitez à entrer en communication avec l'esprit du citron pour qu'il vous dévoile d'autres secrets…

Cloche (clochette)

J'éprouve beaucoup de bonheur à vous parler des cloches à main. Voilà bien un objet facile à se procurer, qui peut sembler insignifiant au premier abord et dont les pouvoirs spirites sont étonnants. Nul besoin de remonter très loin dans l'histoire pour s'en rendre compte. Installez-vous dans votre pièce principale, le salon, votre chambre ou bien votre bureau. Posez-vous quelques instants pour goûter l'énergie de la pièce. Asseyez-vous, fermez les yeux. Que ressentez-vous ? Comment percevez-vous l'atmosphère : joyeuse, lourde, pesante, inspirante ? Si vous savez utiliser un pendule, vous pouvez en mesurer le taux vibratoire. Maintenant, faites le tour de votre pièce en faisant tinter une cloche à main, ou clochette, en bronze ou en laiton, tout en prêtant votre totale attention à sa sonorité. Attendez quelques instants, puis, à nouveau, essayez d'en goûter l'énergie. Vous la sentez peut-être plus légère, plus agréable. Faites alors retentir un dernier coup de cloche. Sa sonorité n'a-t-elle pas changé ? N'est-elle pas plus pure ? Sans doute, car l'atmosphère a été clarifiée.

Le son métallique de la clochette, de la cloche ou du carillon a pour effet de diffracter dans l'atmosphère les agrégats d'énergies néfastes. Il aide à purifier un lieu en élevant ses vibrations, mais il fait encore plus que cela. C'est une arme contre les mauvaises énergies et les esprits mal intentionnés.

Cet usage spirite est relaté dès l'Antiquité, notamment au moment des funérailles pour chasser les esprits impurs. Le tintement de la cloche ou de la clochette remplit cette double fonction d'éloigner les mauvais esprits et d'appeler les bons. D'où son utilisation quasi systématique dans les rituels et les lieux de culte. L'historien Eupolème rapporte qu'au-dessus du temple du roi Salomon étaient suspendues quatre cents clochettes que le vent mettait en mouvement.

Au Japon, chaque temple bouddhique possède ses propres cloches, appelées *bonshō* ou *tsurigane*. Mais ces dernières ne sont pas réservées qu'aux cultes. Les familles qui le pouvaient se procuraient des *fūrin*, petits carillons qu'elles accrochaient près de leur porte.

De tout temps, les puissants n'hésitaient pas à s'en parer pour se protéger. Des grelots étaient attachés aux selles des chevaux. Chez les Hébreux, les vêtements sacerdotaux étaient ornés de clochettes. Dans le bouddhisme, la clochette est l'instrument indispensable du moine. Il la tient dans la main gauche comme représentante du principe féminin et renferme dans la main droite le *varja*, ou sceptre, comme représentant du principe masculin.

Le son d'une cloche améliore l'énergie d'un lieu. Il peut installer une atmosphère plus propice au calme et à la méditation. Avant un rituel, il sacralise le moment et appelle une présence divine. On retrouve aussi les carillons dans le feng shui pour casser les énergies de certaines étoiles nuisibles qui peuvent affecter des endroits précis de la maison.

Vous pouvez aussi juste faire tinter votre clochette pour vous aider à vous recentrer dans l'instant présent, sur vous-même, et retrouver votre harmonie.

Crânes de cristal

La réapparition de douze crânes humains de cristal parfaitement moulés a fait couler beaucoup d'encre. Ces crânes sont composés d'un alliage extraterrestre de quartz, d'or et de diamant. Ils viennent du monde invisible, d'autres dimensions, et pourtant ils sont bien dans notre réalité. Ils y ont été déposés par des êtres de lumière en vue de nous aider à accomplir notre propre ascension.

Après un long temps de sommeil, leur redécouverte nous éveille à une dimension de pureté et de grâce, celle qui sera la nôtre lorsque nous aurons réalisé notre ascension. Ces crânes sont comparables à des programmes. Ils contiennent toutes les informations sur l'être humain dans sa perfection. Ces dernières ne nous sont pas encore accessibles, mais le deviendront lorsque nous aurons atteint le niveau de conscience nécessaire. En quelque sorte, ces crânes incarnent la mémoire de notre devenir. Ce sont les gardiens d'une connaissance insoupçonnée.

Ceux qui se sentent appelés par le crâne de cristal peuvent s'y connecter en conscience lors de leurs méditations et imaginer le visiter comme une immense grotte cristalline, afin d'accéder à un univers merveilleux. Mais vous pouvez déjà tellement accomplir avec un cristal de quartz que je vous recommande de commencer par là (voir « Quartz »). Pour ce qui est des crânes, il en existe bien d'autres qui n'ont pas encore été découverts…

D

Démon

D

Certains esprits ont choisi de suivre la route du mal absolu et de le servir. Ce sont eux que l'on appelle communément des « démons ». Je rappelle que ces entités-là n'étaient pas destinées à servir cette cause, mais que c'est l'orientation qu'elles ont choisie. Leur vocation n'en demeure pas moins de devenir parfaites par la volonté, le progrès moral, l'étude, le service à autrui. Mais cela pourra prendre ce que nous, humains incarnés, considérons dans le temps terrestre comme une éternité.

Cet état « démoniaque » n'est donc que transitoire et ne peut en aucun cas être posé comme une identité absolue. En revanche, leur capacité de nuisance est réelle et leurs tentatives pour rallier à eux d'autres âmes n'est pas une légende. Ce qui les motive est essentiellement la volonté de les empêcher d'accéder à ceux à quoi ils n'ont pas réussi : la paix, le repos, la bonté, l'amour, autrement dit le bien suprême. Ainsi, je me dois de vous dire la vérité. Oui, ils existent bel et bien. Mais rassurez-vous et ayez confiance en vos êtres de lumière. Dès lors que vous œuvrez à élever vos fréquences vibratoires, que vous nourrissez votre joie et servez l'amour, vous rayonnez une lumière qui les garde très loin de vous.

Dimension

Ne vous est-il jamais arrivé, alors que vous vous disiez que vous alliez acheter une voiture rouge, de ne plus voir que des voitures rouges autour de vous ? Ou, si vous marchez avec des béquilles, de ne plus voir que des handicaps physiques autour de vous ? Vous pouvez vous rendre compte, dans ces moments précis, que vous voyez ce sur quoi votre esprit est polarisé. Nous sommes ainsi, nous ne voyons que ce que notre conscience a choisi de percevoir.

Toute vie est régie par ce grand principe. Ainsi existe-t-il de multiples dimensions dans l'Univers, chacune correspondant à un état vibratoire, un peu comme des lunettes 3D. Quand on porte un casque de réalité virtuelle, on ressent vraiment ce que l'on croit vivre. On pourrait même penser que le monde extérieur n'existe plus. Nos croyances, nos pensées, nos certitudes et notre niveau vibratoire nous créent en quelque sorte une réalité qui nous correspond. Et c'est avec celle-ci que nous prenons pour réel le monde qui nous entoure.

Actuellement, nous vivons une période extraordinaire nous permettant d'évoluer vers une dimension supérieure dans laquelle la maladie et la criminalité n'existent plus et où chacun accède à l'abondance. Cette cinquième dimension vibre sur la fréquence de l'Amour divin. Je suis sûre qu'il vous est arrivé, par instants, de vibrer à cette fréquence, quand vous méditez, quand vous communiez avec la nature, quand vous priez, quand vous débordez de joie.

Nous sommes encore collectivement dans ce que l'on appelle la « troisième dimension », qui devient de plus en plus inconfortable à mesure que les vibrations terrestres s'élèvent. À quoi la reconnaît-on ? Dans la troisième dimension, on porte des jugements sur soi-même et sur les autres, on met des étiquettes, on est prisonnier d'émotions douloureuses, on pense que l'on doit choisir entre bien et mal, on se compare aux autres, on est connecté à des égrégores de peur ou de douleur.

Dans les moments où vous vous reliez à votre intériorité, où vous êtes dans la joie, la spontanéité, que vous cherchez à vous unir à votre divin, vous commencez à voir de nouvelles choses et votre ADN se modifie. Vous percevez des signes de vos anges. Les décisions que vous avez à prendre vous paraissent évidentes. Vous ressentez la présence de bonnes entités.

Les spirites sont très clairs. Vous irez tous vers la cinquième dimension. Toutes les âmes connaîtront l'ascension. La seule question qui n'appartient qu'à nous, c'est le temps que nous mettrons pour réaliser cela. Ce rythme peut être rapide ou lent, les chemins par lesquels nous y arriverons peuvent être plus ou moins agréables. Cela ne dépend en fait que de nous.

Beaucoup d'entre vous oscillent actuellement d'une dimension à l'autre. Un instant, vous êtes en paix, plein d'amour pour la vie, et l'instant suivant, submergé par la tristesse, la colère ou la peur. Demandez à vos guides et à vos anges de vous aider à stabiliser vos émotions. Je sais bien que parfois, on se sent plus à l'aise dans de vieux vêtements bien familiers que dans des habits neufs qui exigent de nous plus de tenue et de rigueur. Toutes les prières, méditations, purifications et créations énergétiques que je vous ai données dans mes livres ou dans mes formations sont des outils canalisés du monde spirite pour nous aider à ancrer cette vibration d'amour. Elle est beaucoup plus simple que vous ne l'imaginez. Elle est en vous lorsque vous laissez votre être de lumière vous envahir de son amour. Elle est autour de vous quand vous inspirez en conscience la lumière qui vous environne. Elle est à votre portée chaque fois que vous abordez la vie avec humour et que vous vous acceptez tel que vous êtes. Vous vous en rapprochez lorsque vous vous libérez du passé, que vous développez vos pouvoirs psychiques, etc. Le processus, c'est permettre à votre divine présence de prendre le contrôle de votre être tout entier. On y arrive d'abord quelques secondes, quelques minutes, puis plus longtemps jusqu'au moment où vous réussirez à maintenir cette vibration.

Cela vous laisse imaginer combien d'autres peuples et d'autres êtres peuvent habiter d'autres dimensions dans lesquelles votre âme se rend parfois, durant la nuit, pour vivre des voyages initiatiques…

Divine providence

D

La divine providence nous invite à voir l'expression de la bonté divine dans tout ce qui nous arrive, car elle nous rappelle que son unique dessein est de nous conduire vers la perfection. Parfois, nous reconnaissons immédiatement les cadeaux que le Divin place sur notre route : des amis, des belles rencontres, des projets, des thérapeutes. Parfois, nous en prenons conscience bien plus tard, même des années après. Face aux événements douloureux, nous sommes tous parfois tentés de râler, de nous plaindre de notre sort. Cette attitude nous empêche de voir en quoi l'événement peut nous amener à guérir et à nous rapprocher de notre propre divinité, de qui nous sommes en réalité. De tout mal nous pouvons retirer un bien si nous le cherchons. Et nous serons toujours aidés des spirites pour y parvenir.

Dans mon contact quotidien avec eux, je vois à quel point tout ce que nous avons reçu dans notre vie, ceux qui nous aiment, le travail, le logement, les opportunités, nous a été donné en réponse à nos demandes et à nos souhaits par la divine providence, source de tous les biens. À la fois, elle s'impose à nous, et elle est notre plus grande espérance. Aussi, parfois, il est bon de s'en remettre à elle. C'est une façon de faire confiance à nos spirites, de nous faire confiance et d'accepter de ne plus vouloir diriger les choses à notre manière mais selon la meilleure manière qui soit pour nous.

Djinns

C'est sous le vocable de « djinns » que la religion islamique, et avant elle la mythologie arabe, décrit l'ensemble des esprits invisibles présents autour des humains. De nature ambivalente, ils peuvent être bienveillants ou malfaisants. Il en existe une telle multitude qu'il faudrait un véritable lexique pour les détailler. Leur pouvoir de nuisance est réellement important. Ils peuvent être à l'origine de maladies physiques comme psychiques. Le moyen le plus efficace de s'en prémunir passe par la prière. Vous avez des ressources dans le Coran, par exemple les deux dernières sourates al-Falaq et an-Nass appelées « les Protectrices ». Mais je vous propose aussi cette courte prière spirite :

« Allah ! Point de divinité à part Lui, le Vivant, Celui qui subsiste par Lui-même, "Al-Qayyoûm". Ni somnolence ni sommeil ne Le saisissent. À Lui appartient tout ce qui est dans les cieux et sur la Terre. Qui peut intercéder auprès de Lui sans Sa permission ? Il connaît leur passé et leur futur. Et, de Sa science, ils n'embrassent que ce qu'Il veut. Son Trône "Koursî" déborde les cieux et la Terre, dont la garde ne Lui coûte aucune peine. Et Il est le Très Haut, le Très Grand. » (Coran, 2 : 255)

E

Éléments

E

L'eau, le feu, l'air et la terre sont les éléments primordiaux qui caractérisent le vivant. Ils incarnent des forces et des puissances spirites que l'on peut utiliser avec sagesse pour se purifier par exemple, mais que l'on peut aussi invoquer pour transformer certaines choses en nous et dans le monde qui nous entoure. Nul besoin de formule alambiquée ni de matériel sophistiqué, la magie est à la portée de celui qui sait bien utiliser les éléments. C'est un enseignement que je transmets dans mes cours et ateliers pour que chacun se réapproprie la magie de l'eau, du sel, de la bougie…

On appelle ainsi « magie élémentaire » la pratique spirite qui consiste à utiliser leur pouvoir afin de purifier, de guérir, de s'octroyer protection, de rétablir l'harmonie en soi et avec ce qui nous entoure, ou encore d'aider à la réalisation de nos vœux.

Le premier usage que j'en fais concerne le nettoyage énergétique. Chaque jour, nos pensées de peur, de doutes, nos manques de confiance émettent des vibrations qui affaiblissent tous nos corps énergétiques. Nous absorbons aussi parfois celles des autres, de nos proches ou des lieux que nous fréquentons. Se purifier est un acte essentiel et le premier d'entre tous lorsque l'on veut progresser sur la voie spirite. Quotidiennement, purifier votre corps grâce aux éléments vous aidera à vous maintenir en santé, à demeurer positif, plein d'allant pour la vie, et à attirer des opportunités heureuses.

L'eau s'utilise simplement au moyen de la douche matinale, sur l'ensemble du corps, cheveux compris. Accompagnez-la de votre intention que toutes vos énergies négatives soient éliminées et de la prière suivante : « Cette eau est devenue l'eau du Christ toujours vivant et m'a purifié en totalité. » Après vous être savonné, rincez-vous à l'eau chaude, puis à l'eau froide.

J'ai l'habitude d'utiliser le sel, don de l'élément terre, en fin de journée, pour compléter la purification quotidienne en association avec le pouvoir de l'eau. Placez environ 250 g de gros sel dans une bassine et remplissez-la d'eau tiède jusqu'à 10 centimètres du bord. Immergez-y vos deux pieds et restez-y debout 10 minutes environ. Récitez un « Je Vous salue Marie », suivie d'un « Notre Père », après quoi maintenez la position encore 2 minutes. Pendant ce laps de temps, dirigez votre attention sur votre cœur pour vibrer d'un amour infini. Rincez-vous ensuite les pieds à l'eau froide. Enfin, videz la bassine dans la baignoire/douche que vous rincerez également à l'eau froide.

Pour mieux vous protéger pendant la journée, n'hésitez pas non plus à garder sur vous un peu de gros sel dans un mouchoir en papier que vous jetterez aux toilettes dans la soirée.

Régulièrement, il est bon de compléter ce nettoyage énergétique en faisant appel à l'élément de l'air (voir « Benjoin ») et du feu (voir « Bougie »), ou aux quatre éléments réunis dans l'œuf et les huiles essentielles.

Chaque élément est relié à une émotion, une saison, une saveur, des organes, des planètes, des forces, des esprits spécifiques, mais aussi une direction cardinale. Le feu est associé au sud, l'eau à l'ouest, l'air à l'est et la terre au nord. Ces quatre directions représentent chacune de puissants esprits primordiaux que les peuples autochtones amérindiens invoquent depuis plus de 20 000 ans, notamment lors de la cérémonie de la Roue de médecine. Ce rituel permet à l'être humain de se réharmoniser sur les plans physique, émotionnel, psychique et spirituel, d'où son pouvoir de guérison.

Les grands esprits qui gouvernent les éléments et les directions cardinales peuvent nous aider, en premier lieu pour notre orientation. Je fais appel à eux chaque fois que j'ai besoin d'être en paix avec mes choix, que j'ai des décisions à prendre ou tout simplement pour me sentir en harmonie avec mon chemin.

« Moi, *[dire son prénom et son nom]*, j'appelle la destinée. Que je sois en direction du sud, du nord, de l'ouest, de l'est, mon chemin s'accompagne de lumière et de mes guides. Ici et maintenant, les directions que je prends sont parfaites dans mon intérêt et celui des autres. Merci du fond du cœur à la destinée. »

Élémentaux

Quantité de formes de vie émanent de chacun des éléments que sont l'eau, le feu, l'air et la terre. Ils constituent ce que l'on appelle le « peuple élémental », qui rassemble tous les esprits de la nature. Leur vocation première est d'aider les règnes minéral, végétal et animal. Ainsi, certains œuvrent à la pureté des sols, de l'eau, de l'air, d'autres soignent des animaux sauvages, des végétaux, et les aident à croître en bonne santé, etc.

Quelques rares nations ont su conserver, tout au long de leur histoire, un lien intime avec ces esprits de la nature, les peuples premiers, mais aussi, plus proches de nous, les Islandais, qui sont 62 % à croire en leur existence. Là-bas, il n'est pas rare que les autorités consultent un médium spirite avant d'entreprendre des projets de construction, et ce afin de tenir compte de l'habitat du peuple invisible.

Aujourd'hui, on assiste à un renouveau dans l'ouverture à ce peuple élémental dont l'aide nous sera précieuse pour renouer avec la Nature. Les agriculteurs qui travaillent selon le principe de la biodynamie réapprennent à coopérer avec les élémentaux. Vous pouvez le faire vous aussi dans votre jardin. Pourquoi ne pas consacrer un petit coin dédié au peuple élémental ? Vous pourriez délimiter un espace bien vivant composé de cristaux, de fleurs ou d'arbustes à fruits comestibles. Et y dédier un endroit à leurs offrandes dans lequel vous déposeriez régulièrement à leur attention quelques fruits frais, fruits secs, un peu de miel et de parfum dont ils apprécieront l'énergie. Les élémentaux sont très sensibles à notre pureté de cœur. S'ils ressentent votre amour sincère envers la nature, vous devriez voir votre potager se transformer sous vos yeux, devenir plus vigoureux, resplendissant et abondant. Dans l'avenir, ils seront des partenaires essentiels pour restaurer la fertilité des sols.

Sachez que la plupart des jeunes enfants peuvent percevoir les élémentaux, dont ils partagent l'innocence, la spontanéité et la joie de vivre. Aussi, ne vous étonnez pas si vous entendez parler d'un ami ailé ou d'un ami lutin. En écoutant votre enfant avec une sincère curiosité, vous lui montrez qu'il peut faire confiance à son ressenti et vous préservez chez lui son aptitude naturelle pour la magie.

Tous les esprits élémentaux ne sont pas bienveillants à l'égard des humains, certains peuvent être malicieux, facétieux, et d'autres plus hostiles. Ces formes de vie très hiérarchisées ne sont pas toutes au même niveau d'évolution. Celles qui sont dotées d'une intelligence supérieure sont couramment appelées « fées de la Nature » (voir « Fée ») et sont habitées d'aspirations divines qui les rendent plus proches de nous.

Égrégore

Lorsque vous êtes au milieu d'un groupe et que tout le monde décide de boire un coup ou de passer à table, vous êtes comme happé par le mouvement et enclin à adopter le même comportement. Cela est du domaine du visible. Cela vous donne un infime aperçu de ce qui se passe dans l'invisible. Vos pensées récurrentes, vos émotions et vos croyances sont toutes reliées à des entités énergétiques invisibles qui auront en retour une influence sur vous et que l'on appelle « égrégores ».

C'est un agrégat puissant d'énergie alimenté par un nombre important de personnes qui finit par exister par et pour lui-même en tant qu'une entité spirite. Une croyance collective telle que : « Il n'y aura pas assez de ressources pour tout le monde sur la Terre », ou une émotion telle que la peur du covid créent un égrégore. Votre croyance ou votre émotion vous relie de fait à cette entité. Cette dernière s'en trouve renforcée et, en retour, vous recevez d'elle un surplus de la même énergie. Ainsi, si vous êtes relié à un égrégore de peur, votre peur continue de s'amplifier.

Si les deux exemples que je viens de vous citer sont des égrégores involutifs, qui nous font régresser, il existe à l'inverse des égrégores évolutifs qui nous font grandir collectivement et qui peuvent élever notre conscience individuelle et planétaire.

Lorsque, grâce aux réseaux sociaux, des milliers ou des millions de personnes, au même moment, envoient une énergie d'amour pour un lieu en souffrance, pour une zone de la Terre, un groupe animal ou humain, il se crée un puissant égrégore. Son énergie démultiplie l'effet des actions individuelles. Son pouvoir est tel qu'il peut alors faire basculer la situation, par exemple empêcher une condamnation à mort, agir sur le climat, faire venir la pluie sur une zone d'incendie, arrêter des radiations nucléaires, etc. Si vous êtes relié à un égrégore d'amour et de gratitude, cette énergie devient plus forte sur la Terre entière et vous recevez vous-même davantage d'amour et de gratitude.

Les égrégores contribuent au fait qu'aujourd'hui, nous connaissions une accélération des phénomènes : les choses peuvent aller très vite dans la vie dans un sens comme dans l'autre.

Les égrégores auxquels vous êtes relié sont très nombreux. Ils dépendent de vos émotions, de vos croyances et de vos pratiques. Par exemple, ceux qui possèdent des armes à feu et qui pratiquent le tir peuvent être reliés à un égrégore violent qui nourrira l'énergie du passage à l'acte lorsqu'ils seront confrontés à ce qu'ils jugeront être une menace. Leur action sera influencée et amplifiée par l'égrégore, mais en vérité, elle demeure le résultat de leur pensée ou de la croyance qu'ils nourrissent en eux-mêmes. Si vous êtes affilié à un syndicat, un parti politique, si vous êtes écolo, végan, si vous pratiquez les soins énergétiques ou des groupes de prière, si vous nourrissez en vous la paix, vous êtes relié aux égrégores correspondants.

Plus un égrégore est nourri, plus il a d'influence sur tous les êtres humains, y compris ceux qui, au départ, n'étaient pas reliés à lui. Vous pouvez toutefois résister à l'emprise d'égrégores involutifs. Un état intérieur calme, joyeux et positif, vous rend imperméable à leur influence et plus sensible aux évolutifs. Vous comprenez mieux pourquoi j'insiste toujours pour que vous intégriez à votre quotidien la pratique de la méditation et du recentrage et pourquoi il est essentiel de cultiver un état d'esprit positif. Cela vous protège des influences visibles ou invisibles…

Si vous vous savez relié à un égrégore régressif et que vous voulez vous en exclure, n'hésitez pas à solliciter un thérapeute énergéticien qui vous aidera à couper en toute sécurité les liens qui vous unissent à lui.

Entité

Une entité est une âme désincarnée. Il en existe des myriades constamment autour de nous. Certaines sont animées d'intentions bienveillantes, d'autres sont clairement malveillantes, non pas par nature, mais par les choix qu'elles ont faits. Ainsi, s'il n'existe pas de catégories d'âme, toutes les âmes sont des créations divines vouées à devenir parfaites. En revanche, il existe une véritable hiérarchie selon leur niveau d'évolution.

L'immensité des esprits qui nous environnent est donc organisée selon un ordre très précis qui va du plus impur au plus pur et parfait d'entre eux. Les anges et les archanges sont des entités célestes de perfection suprême. Les maîtres ascensionnés tels que Jésus, Marie, Bouddha sont des âmes qui ont atteint un niveau absolu d'évolution. Elles ont connu elles-mêmes l'expérience terrestre au cours de laquelle leur humanité a fusionné avec leur être divin. Ce sont de très purs esprits dont la mission est d'aider l'humanité à vivre son propre processus d'ascension (voir « Ascension »). Pour notre bonheur, il y a toute une multitude d'autres esprits bienveillants, parmi lesquels vos guides spirituels. Ces êtres de lumière ont choisi de vous accompagner et de vous aider sur votre chemin terrestre.

Dotées d'immenses pouvoirs spirites, toutes ces entités se consacrent au bien de l'humanité et peuvent agir sur nous par le biais de conseils inspirants, d'intuitions, de soins énergétiques et de transmissions lorsqu'elles sont canalisées. Mais d'autres âmes moins avancées dans leur évolution, ou même carrément tourmentées, peuvent saisir l'opportunité de votre réceptivité pour vous donner des informations partielles ou erronées, pour se nourrir de votre énergie ou utiliser vos corps énergétiques et votre corps physique afin de vivre certaines choses. Parfois, vous en avez conscience, mais parfois vous ne comprenez pas pourquoi, subitement, vous avez perdu votre belle énergie vitale, vous faites d'horribles cauchemars, ou pourquoi vous vous mettez à aimer l'alcool… Ou à avoir des pensées qui ne vous ressemblent pas. Pour vous en dégager, dans certains cas, des prières suffiront, mais dans d'autres, il faudra recourir à l'intervention d'un énergéticien ou d'un guérisseur spirite compétent.

Les esprits inférieurs s'accrochent à nous lorsqu'ils y trouvent de quoi satisfaire leurs désirs, c'est-à-dire lorsque nous sommes en proie à la jalousie, la colère, la rancœur, le remords. Le manque de solidité de nos corps énergétiques peut aussi leur permettre d'exploiter une faille. D'autres fois, tout simplement, ce sont nos peurs vis-à-vis d'eux qui les attirent. Enfin, ils peuvent passer d'une personne à une autre lors de nos conversations avec nos amis, nos échanges intimes ou des séances de soins lorsque le thérapeute ne se protège pas suffisamment. Dans la très grande majorité des cas, une bonne protection énergétique suffit à empêcher tous ces transferts. D'où l'importance d'apprendre à maintenir vos corps énergétiques purs et solides grâce à des pratiques d'ancrage, de méditation, et grâce au pouvoir des ondes de forme et des cristaux… Voilà pourquoi j'ai toujours mis ces pratiques au centre de tous mes enseignements (voir la bibliographie). Certaines prières spirites notamment constituent une barrière infranchissable pour des esprits inférieurs. Enfin, la pureté de cœur et d'esprit, le désir de servir le bien, d'œuvrer à la santé, la joie et l'abondance pour tous repoussent loin de vous l'influence des esprits inférieurs. Sachez que lorsque tous les humains seront animés de ces désirs sincères, ces esprits iront chercher dans d'autres mondes le milieu qui leur convient.

Éphéméride (spirite)

Les éphémérides sont élaborées par des astronomes en vue de prédire la position du Soleil, de la Lune et des autres planètes vis-à-vis de la Terre un jour donné. Sur un calendrier, c'est grâce à elles que vous connaissez l'heure de lever et de coucher du soleil, par exemple.

Ainsi, les énergies cosmiques que nous recevons sur la Terre varient beaucoup selon qu'il fait jour, qu'il fait nuit ou encore selon le cycle lunaire. Pour cette raison, je vous recommande vivement de ne jamais faire de protocole spirite en dehors des heures de jour. En effet, la nuit, il est beaucoup plus difficile de ne pas appeler à vous des esprits peu bienveillants. Nous prendrons toute l'année pour convention avec les spirites les heures comprises entre 8 heures le matin à 18 heures le soir, afin d'être plus proches des heures réelles du soleil.

S'agissant de la Lune, privilégiez les phases lunaires descendantes pour les rituels destinés à vous débarrasser du négatif : les habitudes, les addictions, les émotions ou les liens. À l'inverse, les rituels destinés à vous aider à réaliser des vœux, à recevoir des idées, des inspirations nouvelles ou à démarrer de nouvelles choses seront aidés des énergies lunaires en phase montante. Enfin, dernier conseil, abstenez-vous de tout rituel ou protocole les trois jours de lune noire, très peu propices.

Épreuve

La vie nous expose parfois à des épreuves plus ou moins douloureuses : une séparation, une perte, une maladie, un licenciement et bien d'autres. Les spirites m'ont toujours dit que tout a un sens. Rien n'arrive par hasard, ni par « punition ». Chaque épreuve est pour nous l'occasion d'acquérir une vertu, peut-être le courage, la patience ou la foi. Elle nous offre l'opportunité de nous libérer de vieux fardeaux ou encore de découvrir quelque chose sur nous que nous refusions de voir ou d'accueillir. Par exemple, plusieurs fois j'ai accompagné des personnes qui souffraient d'acouphènes sans raison médicale. Ces symptômes étaient l'expression de leurs peurs inconscientes vis-à-vis de leurs dons spirites, notamment la faculté à entendre les messages des esprits (clairaudience). Dès lors qu'elles ont pu accepter leur don et l'accueillir, leurs souffrances ont pris fin.

Bien que ce ne soit pas facile, il est important de regarder nos problèmes avec des yeux plus larges pour y voir une occasion de guérir une partie de nous-mêmes. Ne restez pas seul dans la souffrance. Priez vos anges et vos guides de vous venir en aide. En plus de vos suivis médicaux, n'hésitez pas à consulter un énergéticien qui vous aidera à percevoir la cause profonde et à identifier ce que vous devez changer en vous-même pour que le problème ne se répète plus.

Les épreuves sont parfois le seul moyen que la vie a trouvé pour nous révéler à nous-mêmes, et tourner notre regard vers notre divinité. Ces défis ne visent qu'à nous fortifier en vue d'acquérir un état quasi permanent d'amour vibration. Plus vous vous accepterez tel que vous êtes, plus vous aurez épuisé vos émotions négatives et entretenu l'amour inconditionnel pour vous, votre vie, ce qui vous entoure, moins vous aurez d'épreuves à subir.

F

Fantôme

F

Un fantôme est la manifestation d'une âme défunte qui n'a pas pu rejoindre le royaume de lumière éternelle. Elle se retrouve en quelque sorte « coincée » sur le plan terrestre. Il peut y avoir plusieurs raisons à cela. Certaines âmes ont pu souffrir de ne pas avoir bénéficié de cérémonie religieuse ou même de sépulture, d'autres sont dans une sorte de refus de leur propre mort, d'autres encore sont retenues par les liens que les vivants n'ont pas réussi à relâcher, d'autres enfin ont pu souffrir de morts violentes, etc.

La particularité de celui que l'on appelle le « fantôme » est qu'il est le plus souvent attaché à un lieu particulier qui a fait sens pour lui dans son incarnation. Et il peut se plaire à y déranger la vie des vivants en perturbant leur sommeil, en provoquant des désordres électriques, des bruits étranges, en y faisant des apparitions phénoménales…

Les animaux familiers sont aussi de bons indicateurs, ils n'aiment pas ce genre d'endroits. Donc ils vont venir manger dans la maison mais très vite en repartir. Si vous craignez avoir une maison qui puisse en abriter, avant tout il faut vous rassurer. Avec une intervention adéquate, le guérisseur, le médium, pourra aider l'entité à rejoindre son plan d'origine et ainsi libérer l'espace de toute présence invisible néfaste.

Fée

Écoutez la langue des oiseaux, « fais un vœu » ne pourrait-il pas s'entendre « fée un vœu » ? Les peuples restés proches de la nature ont gardé l'habitude de communiquer avec ses esprits, les élémentaux, et de croire aux fées. Vos enfants, qui sont plus ouverts aux mondes subtils, y croient aussi volontiers, parce qu'ils les perçoivent bien plus facilement que nous. Et ils ont bien raison. Les fées sont des esprits issus des éléments de l'eau, de la terre, du feu ou de l'air qui peuplent la nature. Elles affectionnent les lieux pleins de vie comme les cascades, les fontaines, les lieux sacrés ou encore certains arbres et plantes fleuries. Cette sagesse connue de nos anciens se retrouve dans le nom de certaines plantes, telle que le hêtre, surnommé « le fayard », ce qui signifie « l'arbre aux fées ». Ou encore l'aubépine, justement appelée « buisson aux fées ». La vibration de ses fleurs et le caractère sacré de cette plante lui valent ainsi d'être très appréciée des fées, tout comme le noisetier. Parmi leurs fleurs de prédilection figurent encore la rose, le jasmin ou la lavande, dont les vibrations sont parmi les plus élevées.

Pour les rencontrer, soyez léger et joyeux comme les enfants, chantez, dansez, riez. Elles vous apparaîtront peut-être comme de magnifiques étincelles autour des fleurs, mais vous pourrez aussi apercevoir leur forme éthérique si vous vous ouvrez à ce monde subtil, en regardant au-delà du visible. Elles ne s'enfuiront pas à votre approche si elles perçoivent chez vous la pureté de cœur et d'esprit. Vous pouvez aussi vous fier à vos signaux corporels pour déceler la présence de ces êtres subtils : des sensations de picotements, des fourmillements, des frissons, des cliquetis dans les oreilles ou encore tout autre ressenti interne que vous aurez appris à écouter (voir « Signaux »).

Même si vous ne les voyez pas, sachez que vous pouvez, lorsque vous êtes dans la nature, animé d'un profond sentiment de gratitude, leur demander de vous aider à réaliser vos souhaits les plus chers, comme avec cette prière :

> « Fées de la Terre, de l'Eau, de l'Air et du Feu,
> aidez-moi à obtenir la réalisation de mon projet
> *[le nommer]*, ici et maintenant. C'est vers vous
> que j'élève ma prière. Faites-moi la surprise d'un
> dénouement rapide. Soyez-en remerciées, divines
> fées de la Terre, de l'Eau de l'Air et du Feu. »

N'oubliez pas ensuite de leur faire des offrandes pour les remercier de leur intervention (voir « Élémentaux »).

Au-delà de ces êtres subtils, soyez des fées dans votre vie, croyez en la magie et vous la verrez se produire. Être une bonne fée, c'est aussi vous et moi. Chacun dans sa vie peut être une bonne fée pour autrui, notamment lorsque, renonçant à vouloir l'aider en lui trouvant des solutions à sa place, il lui envoie une onde d'amour vibration. Projeter sur l'autre une énergie d'amour apaise son âme et l'aide à percevoir sa situation depuis une fréquence plus élevée. Si vous vous sentez suffisamment fort, vous pouvez lui faire bénéficier quelques instants de votre propre champ lumineux d'énergie. C'est ce que vos guides font pour vous-même, même si vous n'en avez la plupart du temps pas conscience.

Feng shui

Discipline enseignée pendant deux millénaires au sein même des études médicales chinoises, le feng shui s'intéresse aux énergies de l'habitat et plus largement de l'environnement, dont l'influence sur la santé des occupants est considérable tout autant que sur leur bien-être ou leur prospérité.

C'est à la fois une science et un art traditionnels devenus experts dans la maîtrise des éléments. Je vous ai déjà parlé des quatre éléments avec lesquels il est possible de faire de la magie : l'eau, la terre, l'air et le feu (voir « Éléments »). Le feng shui associe l'air au métal et y ajoute l'élément bois, considérant ces cinq principes comme les cinq aspects du fluide ou énergie vitale partout à l'œuvre dans la nature. Ainsi l'essence du feng shui est-elle fondamentalement spirite.

L'eau est magnétique, c'est le commencement énergétique de toute chose. Le feu apporte l'information divine. La terre contient, c'est la densité physique et matérielle. Le bois donne l'élan, la pulsion de s'ouvrir, de croître, de développer ses potentialités. Enfin le métal concentre, intériorise, purifie, enrichit…

On retrouve ces éléments en interaction constante dans la cellule, dans la nature, dans l'organisme, dans la maison, et c'est leur rapport de force équilibré qui procure l'harmonie. Le feng shui s'attache à rétablir l'équilibre dans nos lieux de vie en utilisant la magie de ces cinq processus pour que chacune des facettes de l'unité sacrée puisse remplir sa juste mission à sa juste place.

Lors de mes soins, les spirites conseillent souvent d'apporter des rééquilibrages dans les lieux de vie, car leur influence sur nous est grande. Notre maison s'apparente à une extension de notre corps physique. Si ses énergies sont déséquilibrées, elle peut épuiser nos ressources et provoquer des nuisances. Dans le cas contraire, elle attire à nous les bonnes énergies et les contient afin de nourrir notre vitalité et de soutenir nos projets.

Flamme sacrée

Dans votre démarche de reconnexion avec votre essence, vous avez pour vous aider des flammes sacrées, aussi appelées « rayons sacrés ». Les principales sont au nombre de sept, comme les sept couleurs du spectre de la lumière blanche, facilement visibles dans un arc-en-ciel. La lumière du Créateur nous offre ces rayons pour nous aider à nous réapproprier nos qualités et attributs divins. Ainsi, chaque rayon peut être invoqué, ici pour accroître notre protection, notre courage (rayon bleu n° 1), là notre amour vibration (rayon rose n° 3), ou pour être libéré des sentiments, émotions et énergies discordants afin que ceux-ci soient transmutés en amour (rayon violet n° 7). Les autres rayons sont la sagesse (jaune n° 2), la guérison et l'abondance (vert n° 5), la pureté (blanc n° 4), la paix et la fraternité (rubis doré n° 6).

Chaque rayon, sous la supervision d'un maître ascensionné, agit au sein même des rayonnements lumineux qui nous traversent par l'intermédiaire des particules de la couleur en question et qui sont activées par sa flamme sacrée.

Des sept rayons principaux, le violet est vraiment celui qui nous est le plus indispensable au quotidien. Chaque jour, nous sommes confrontés à des situations qui nous chamboulent ou nous déstabilisent, mettant à mal notre discernement intérieur et notre paix. Grâce à son intervention, l'harmonie pourra être rétablie dans nos pensées, nos émotions et nos corps énergétiques. Le rayon violet transmute les sentiments négatifs en quelque chose de positif. Il guérit les discordances des corps énergétiques afin que nous puissions conserver ou rétablir notre joie, notre unité intérieure et notre santé. Vous pouvez l'invoquer à tout moment et demander son assistance avec humilité et gratitude. Sa vocation est d'accompagner le processus sans précédent d'ascension terrestre. N'hésitez pas à prendre l'habitude de visualiser une flamme violette brillante, étincelante, remonter du bas de vos pieds jusqu'à votre tête et rayonner dans une sphère autour de vous. Pour les prières précises, reportez-vous à mes livres (voir la bibliographie).

F

Fluide

Le fluide est l'énergie universelle qui nous anime tous. Certains l'appellent « chi », d'autres « prâna », mais nous faisons tous référence à la même chose : le principe vital, l'énergie qui donne vie à tous les constituants de ce monde, ainsi qu'à tous nos organes. Nous avons donc tous du fluide, le nôtre. Mais sachez qu'il en existe à profusion dans l'Univers.

Aussi, vous pouvez apprendre à puiser un surplus de fluide dans le monde invisible afin de le redistribuer, de manière précise, là où un corps souffrant ou déséquilibré en a besoin : vous devenez alors magnétiseur ou énergéticien. Chacun peut y arriver en s'exerçant et en respectant quelques précautions et règles propres au monde énergétique (voir la bibliographie).

Il est également possible de franchir une étape supplémentaire et de travailler avec les spirites de façon à recevoir le fluide des bons esprits pour le retransmettre à la personne soignée. Vous vous faites alors intermédiaire de leur propre fluide afin qu'il puisse agir à travers vos mains, votre regard ou votre souffle. Voilà le quotidien de ma pratique de guérisseuse spirite. L'influx fluidique des esprits étant particulièrement pur et puissant, cette approche permet d'obtenir des résultats à la fois plus rapides et plus durables.

Ainsi, c'est par l'intermédiaire du fluide que les esprits peuvent avoir un moyen d'agir sur la matière. Plus généralement, le fluide assure la jonction indispensable entre votre âme et votre corps le plus dense, à savoir le corps physique. Ce lien fluidique ne se rompt qu'une seule fois, au moment de la mort, permettant alors à l'âme de retrouver sa liberté.

Ce même lien fluidique se distend pendant votre sommeil ou lors d'états modifiés de conscience autorisant votre âme à voyager hors de son corps, explorer des mondes invisibles, d'autres dimensions, ou à poursuivre son initiation spirituelle. C'est loin d'être systématique, en fait, cela s'ajuste naturellement à votre niveau de confiance et d'éveil spirituel.

G

Galactique (fraternité galactique)

Ce sont nos frères et sœurs de lumière d'autres dimensions, d'autres univers, planètes et systèmes solaires qui sont parvenus à un état d'avancement bien supérieur à celui que nous connaissons sur la Terre et qui peuvent donc nous aider à réaliser notre propre ascension.

D'autant que, pour la plupart d'entre eux, ils se sont mêlés à la vie terrestre à un moment donné ou à un autre des temps immémoriaux qui ont émaillé notre histoire. Des mélanges de races et d'ADN ont eu lieu. Des legs ont été faits à la Terre dans le but de nous aider. Il en est ainsi des abeilles, par exemple, qui sont une merveilleuse contribution de la planète Vénus. D'autres êtres d'une intelligence extraordinaire, tels que les dauphins, ancrent la lumière dans les océans ; eux aussi sont reliés à leurs énergies sources en provenance de Sirius. Sachez qu'à leur façon, nos frères de lumière ne cessent de nous aider par leurs conseils, leur énergie, leur amour et leurs encouragements.

Genévrier

Le genévrier fait partie de votre arsenal de purification et de protection spirite. Cet arbuste est un compagnon de l'être humain depuis les temps préhistoriques où l'on sait déjà qu'il était utilisé pour ses vertus spirites. Il fait partie des plantes sacrées utilisées par les chamans dans leurs rituels pour purifier et faciliter les états de conscience profonds.

Jusque dans les années 1970, dans certaines régions, on faisait brûler du genévrier dans les maisons, au 1er janvier, pour chasser les énergies négatives et les mauvais esprits. En Europe centrale, c'est à l'arrivée du printemps que l'on brûlait ses baies. Partout où il était endémique, il faisait office d'encens lorsque l'on ne pouvait pas s'en procurer et, de fait, il peut remplacer l'encens lorsqu'il est utilisé en fumigation. Vous pouvez tout à fait réhabiliter ces traditions. Si vous en avez près de chez vous, rien ne vous empêche d'en faire une couronne que vous accrochez à votre porte d'entrée. Ou d'avoir dans vos pièces principales quelques sachets de feuilles et baies séchées.

À usage de purification, vous pouvez le récolter et le brûler. Mais vous pouvez aussi l'employer sous forme d'huile essentielle (*Juniperus communis*), en diffusion par exemple, surtout à faible dose, 20 %, et systématiquement en association avec d'autres huiles telles que la menthe poivrée et le géranium rosat. Il aura une action plus ciblée pour éliminer la négativité et chasser les mauvais esprits. Vous pouvez aussi l'ajouter à vos lessives, en mettre quelques gouttes lorsque vous nettoyez vos sols, chaussures, bagages, etc.

Imputrescible, incorruptible, cet arbuste vit plus que millénaire. Il nous montre que l'on peut faire tomber les barrières qui limitent notre propre espérance de vie.

Gui

« S'embrasser sous une branche de gui est la promesse d'avoir un mariage heureux avant la fin de l'année. » Vous connaissez tous cette belle tradition, n'est-ce pas ? Si vous n'avez pas pu la vivre, rassurez-vous, il n'est pas trop tard pour placer une branche de gui au-dessus de votre porte d'entrée ou à la tête de votre lit. Le gui est une plante spirite qui appelle une haute protection. Mais comme toute plante, elle agit aussi en interaction avec vous (voir « Végétal ») et vos énergies. Les énergies du gui sont protectrices de l'amour, mais pas seulement, elles éloignent le mal, les mauvais sorts ou les mauvais esprits. Aussi en portait-on sur soi, en bois sculpté tel une amulette, en plaçait-on dans les maisons ou en faisait-on brûler dans le feu de la cheminée.

Plante sacrée des druides, du peuple celte, le gui est utilisé en Europe mais aussi largement en Afrique pour ses propriétés médicinales et magiques. Si ses baies sont extrêmement toxiques, ses feuilles servent à des préparations thérapeutiques, y compris pour traiter le cancer.

Sur un plan spirite, l'énergie du gui est porteuse de chance, d'harmonie et de paix.

H

Habit de lumière

H

L'une des peurs qui peuvent vous freiner lorsque vous développez votre médiumnité est celle de voir les personnes décédées, les désincarnées telles qu'elles étaient lors de la mort, cela peut être des accidentées, parfois même des décapitées, etc. Il se peut même que vous ayez déjà eu ce genre de visions et que vous ayez décidé de vous fermer à vos perceptions extrasensorielles pour vous protéger de ces images effrayantes.

Sachez que le plus souvent, ces âmes vous apparaissent dans l'état où était leur corps physique au moment de leur mort car elles sont désorientées, perdues et heureuses de rencontrer, enfin, un être humain capable de les voir afin de les aider. Ce qu'elles recherchent avant tout, c'est de pouvoir rejoindre une autre dimension. Mais quelles qu'en soient les raisons, vous avez le droit d'exiger des esprits qu'ils vous apparaissent uniquement sous leur habit de lumière. Vous les verrez alors dans leur corps fluidique dont les teintes varieront selon leur niveau spirituel. Vous reconnaîtrez vos guides à leurs teintes blanches, rosées, dorées, bleutées ou argentées. C'est une convention que je vous invite à passer dès que vous commencez à développer votre médiumnité en l'expliquant de telle manière à vos chers spirites.

Huit sacré

En tant que guérisseuse et médium spirite, je n'ai jamais eu l'intention de produire ou de vendre des bijoux. Aussi je vais vous raconter comment ils se sont imposés à moi. Dès l'enfance, je pouvais voir, grâce à mes dons spirites, comment la vie des gens pouvait basculer vers la maladie ou les malheurs uniquement sous l'effet des mauvaises énergies d'autres personnes : les mauvaises pensées, les jalousies, les rancœurs… qui agissent comme du poison dans notre aura.

Lorsque je me suis consacrée pleinement à mes activités de guérison, j'ai été à nouveau confrontée avec force à ces énergies chez les personnes qui demandaient mon aide, mais aussi personnellement, y compris de la part de ceux que j'avais guéris. Je cherchais une solution pour être protégée sans leur renvoyer leurs énergies, ce qui était inconcevable pour moi.

C'est alors que j'ai demandé à mes spirites de m'aider et de nous aider. Ce sont eux qui ont alors décidé, en ce 8 août 2008, de me dévoiler un secret qui me permettrait d'être toujours protégée de ces énergies négatives et de toutes celles que je pourrais croiser dans la vie de tous les jours. Un secret qui aurait même bien d'autres pouvoirs, comme celui d'amplifier nos énergies positives et de rendre nos pouvoirs spirites beaucoup plus efficaces…

C'est ce jour-là que j'ai reçu en canalisation la forme, les proportions divines du Huit sacré, ainsi que la composition des matières pour élaborer les bijoux. Dès que j'en ai dessiné un, j'ai commencé instantanément à en ressentir les bienfaits et j'ai retrouvé le sourire.

Ce secret m'a été révélé pour que je le partage. Voilà pourquoi j'ai créé cette ligne de bijoux spirites. Tout a changé dans ma vie depuis lors et dans la vie de tous ceux qui en bénéficient. Car les spirites ont réussi là où le bon sens n'avait pas réussi…

Ce Huit sacré agit comme un bouclier de protection contre toutes les énergies négatives visibles ou invisibles. Il crée autour de nous une force bénéfique qui protège vos corps subtils des énergies néfastes. Elle intervient pour rééquilibrer vos chakras, harmoniser vos différents corps et attirer à vous de belles et lumineuses énergies. Vous avez plus de chance, plus d'intuition, vous vous sentez plus en phase avec vous-même et qui vous êtes vraiment. Elle attire à son tour par affinité les énergies positives et les influences bénéfiques.

Des propriétés étonnantes d'autant que, contrairement aux cristaux ou autres symboles, le Huit sacré se recharge de lui-même en permanence. Il est relié à la source infinie d'énergie, au fluide universel. Utilisé en conscience, il sert d'amplificateur d'énergie, de régulateur, de support aux soins énergétiques. Il peut même transmuter en positif des énergies nocives comme le fait le Grand Huit à l'intérieur de nos lieux de vie.

Le secret de sa puissance se trouve dans l'origine même de la vie. Le Huit sacré décrit le mouvement de la descente de l'énergie cosmique vers la Terre et la montée de l'énergie terrestre vers le cosmos, des énergies qui se croisent autour des chakras comme les deux serpents enroulés du caducée. Le Huit sacré est le symbole des spirites guérisseurs connus sous les noms d'Hermès ou de Thot pour cette raison. Cette forme du Huit sacré en 3D se retrouve encore dans notre ADN.

Il existe beaucoup de signes de l'infini qui malheureusement n'ont pas les bonnes proportions pour être pleinement protecteurs et activateurs. Celui que j'ai conçu avec le monde spirite est protégé depuis 2008 par un copyright. Ce tracé qui possède le sceau du Créateur est la garantie d'une forme pure. Chargé magnétiquement par les spirites, il accède à une puissance encore décuplée.

I

Incarnation

I

Votre vie terrestre actuelle qui a commencé à votre conception et qui se terminera avec la mort du corps physique peut se définir comme une incarnation. Avant de vous incarner avec ce nom et ce prénom qui sont les vôtres, votre esprit a déjà suivi un long parcours d'évolution au cours duquel il a expérimenté les règnes minéral, végétal et animal et, fort probablement, d'autres formes de vie dans d'autres plans que celui de la Terre. Quoi qu'il en soit, votre famille terrestre actuelle et la période contemporaine ont été pleinement choisies par votre âme avec l'aide de ses guides spirituels. À ses yeux, ils étaient des plus parfaits parce qu'ils lui offraient les meilleures conditions qui soient aux besoins de son évolution.

Je sais que le milieu dans lequel on naît, le pays dans lequel on s'incarne, le handicap congénital que l'on peut avoir, peuvent sembler injustes à certains. Mais rappelez-vous, chaque jour, que votre être de lumière a jugé ces conditions de départ comme étant les plus fertiles. Peut-être justement les avez-vous sélectionnées pour les transformer et accéder à l'abondance ou à la paix. Si vous les regardez ainsi, alors vous pourrez chercher en quoi elles peuvent vous aider à acquérir ce dont vous avez le plus besoin pour avancer et cheminer sur votre processus d'ascension. Les spirites m'ont toujours dit que les âmes les plus avancées viennent parfois dans les milieux les plus hostiles parce qu'ainsi, grâce à la force de leur amour, elles transforment la dureté en lumière.

Incorporation

L'incorporation est une pratique bien spécifique de médiumnité dans laquelle le spirite ne se contente pas de se présenter au médium afin de lui transmettre des messages, mais il pénètre complètement son corps physique afin d'agir, à travers lui, dans un but précis. Ce dernier peut être de donner une conférence, de s'adresser à un groupe de personnes, de réaliser une œuvre artistique ou encore d'intervenir lors de soins pour utiliser son expertise comme dans le cas des chirurgiens dits « aux mains nues* ».

Dans l'incorporation, la voix du médium change, son expression et ses gestes également. Il peut parler couramment une langue étrangère qu'il ignore, pratiquer des gestes qui lui sont inconnus…, puisque l'esprit prend, pendant un laps de temps, le contrôle total de son corps. Pour cette raison, c'est une pratique qui réclame une très grande expérience. Elle ne doit se faire que sous la supervision d'un guide spirituel qui pourra intervenir, au besoin, afin de s'assurer que l'esprit quitte, en toute sécurité, le corps du médium et en assure sa protection.

Ces pratiques d'incorporation ne sont pas nouvelles. Elles ont su se transmettre chez des générations de guérisseurs à travers le monde, au Brésil, aux Philippines, dans ma propre

* Tradition thérapeutique ancestrale dans laquelle un médium en transe, incorporé par les esprits, introduit ses mains de lumière dans le corps du malade pour effectuer une intervention destinée à le guérir.

famille, mais là encore, les esprits des ancêtres jouent aussi un rôle dans la protection dont bénéficie le médium qui officie. Lorsque les guérisseurs chamaniques atteignent un état de transe pour intervenir sur leurs malades, c'est précisément parce que cet état leur permet de faire venir des esprits qui vont agir à leur place et parfois de se laisser incorporer par eux. L'état de transe ayant pour effet de relâcher le lien fluidique entre l'âme et le corps du médium, en facilitant l'accès pour un autre esprit.

J

Joie

Forme la plus élevée de spiritualité. Ce que j'admire dans la joie, c'est qu'elle est à la fois le moyen et la conséquence du développement spirite. Aussi, je vous encourage tous à y entrer, parfois à contre-courant de ce qui nous arrive dans la vie. Les spirites m'ont amenée à comprendre que l'on est responsable de sa joie à 100 %. La joie est un choix, une décision. Parfois, on entend certaines personnes dire : « Ah, je suis en joie, j'ai eu une bonne nouvelle. » Cela n'est pas de la joie, c'est un contentement, une satisfaction temporaire.

Être en joie, c'est se réjouir que Dieu nous ait offert une journée de plus pour expérimenter la Vie, pour admirer le coucher du soleil, respirer le parfum des fleurs et aimer ce qui nous entoure. Pour ressentir la présence de vos anges. Il y a tellement de raisons de se réjouir.

Oui, la joie, c'est exigeant, mais réalisez que vous le valez bien. Votre être divin mérite d'être honoré de votre joie, et c'est à travers elle qu'il va pouvoir fusionner avec vous. Car la joie élève vos vibrations, elle harmonise vos corps énergétiques et rajeunit vos cellules.

Je sais bien qu'il est parfois difficile de rester en joie. Tant de choses peuvent susciter en nous de la tristesse, de la colère ou même du désespoir.

Même quand vous traversez des difficultés, en vous concentrant sur ce qui est vivant et heureux en vous, vous pouvez réveiller votre joie. Si vous n'y parvenez pas, fermez les yeux et essayez de vous souvenir très précisément d'un moment de joie que vous avez vécu. Rappelez-le précisément à vous en vous concentrant sur ce que vous faisiez, ce qu'il y avait autour de vous, le décor, les parfums, les sons, les images, avec qui vous étiez, etc., et votre joie va se réinstaller.

Que vous vouliez retrouver la santé, l'amour ou l'argent, réveillez votre joie. Et je vais vous révéler un secret : les spirites sont attirés par la joie comme les papillons vers la lumière. Ainsi, si vous êtes dans la joie, ils seront près de vous pour vous aider à retrouver ce à quoi vous aspirez tant.

Et si vous essayiez cette technique ? Imaginez qu'il y a en vous une bonne fée toujours en joie. Cette fée trouve toujours quelque chose à apprécier dans ce qui arrive. Elle est pleine de malice et d'humour. Nommez-la, décrivez-la, imaginez-la, dessinez-la si vous voulez. Pourquoi ne pas vous en créer un costume ? Lorsque ça ne va pas, demandez-vous ce que ferait cette fée, ce qu'elle dirait, comment elle rebondirait, et c'est déjà gagné…

K

Karma

La loi du karma est une loi de cause à effet qui vise notre perfectionnement. Son principe est simple : toute pensée, parole ou acte émis envers autrui, selon qu'il est de nature aimante ou blessante, aura des conséquences qui nous reviendront car, finalement, elles nous appartiennent comme fruits de notre propre création. Une action vertueuse, qui aura apporté autour de soi du bonheur, même un petit brin, nous reviendra sous forme de faveurs. À l'inverse, une action blessante qui portera préjudice à autrui aura pour résultat une exposition à la souffrance.

Si une personne vous insulte dans la rue, vous pouvez choisir de rester neutre, de vous exprimer poliment, de faire une prière apaisante, ou bien vous pouvez estimer qu'elle est odieuse, l'injurier en retour ou souhaiter qu'il lui arrive un malheur. Ces actions ont une existence tangible dans l'invisible. Ce sont des créations énergétiques qui vous appartiennent. Elles vous reviendront d'une manière ou d'une autre afin que vous en compreniez la portée et que vous modifiiez votre attitude.

Il faut bien comprendre que le karma n'est pas une loi ni de punition, ni de récompense. C'est le moyen le plus simple et le plus juste que la source divine de bonté infinie, quel que soit le nom que vous lui donnez, a trouvé pour rendre l'humanité plus vertueuse et plus heureuse dans le respect de la liberté de chacun.

Cette loi nous enseigne que ce que nous vivons résulte en partie de nos choix passés et que, par nos choix actuels, nous influençons notre futur. Cependant, il ne faudrait pas imputer tout ce que nous vivons à la loi du karma, comme je l'entends parfois. Certaines maladies se développent par manque d'amour et d'affirmation de soi, par excès de conflits d'intérieurs ou d'autosabotage et bien d'autres causes personnelles. De même, le manque d'argent ne peut être attribué d'office ou en totalité à un « mauvais karma ». Bien souvent, c'est un ensemble de facteurs qui nous privent de l'abondance. On y trouve en bonne place nos croyances, nos limitations et nos peurs. Donc il est nécessaire de connaître cette loi pour amener plus de conscience dans nos réactions. Nous devons avoir à cœur de veiller à ce que chacune de nos pensées, paroles et actions apporte un mieux à la situation que nous vivons, en chaque instant, envers autrui comme envers soi-même. Si ce n'est pas le cas, vous pouvez stopper la conséquence de votre création en projetant immédiatement sur elle une belle énergie de lumière et d'amour. Si cela est fait de suite, la phrase suivante aidera aussi à l'annihiler :

« J'annule cette pensée, elle ne correspond pas
à ma demande profonde. »

Sachez aussi que le karma lourd à porter peut être de deux natures : d'action comme je vous l'ai expliqué, ou d'omission. Ce dernier est un peu plus exigeant. Il est en rapport avec ce que nous aurions dû faire dans une situation donnée pour venir en aide à une personne, car nous le pouvions, mais nous avons choisi de ne pas le faire. Le droit pénal français comporte d'ailleurs ces deux volets, commission et omission, s'inspirant sur ce point de la justice spirituelle.

Aujourd'hui, le karma accumulé dans les vies passées peut être nettoyé et annulé grâce à des protocoles et des soins spirites (voir la bibliographie), qui, dans les précédents millénaires, étaient réservés à des maîtres spirituels. Il nous est offert une chance extraordinaire de nous affranchir des conséquences de nos erreurs passées. En revanche, la loi continue d'opérer avec une rétroactivité désormais immédiate, car notre progrès connaît une accélération prodigieuse.

Kinésiologie

Voilà une excellente méthode thérapeutique pour nous aider à la réunification corps/esprit. Notre corps garde en mémoire tous les événements que nous avons vécus depuis notre conception. Certains traumatismes émotionnels, les vécus de trahison, d'humiliation, de manque d'amour et autres… peuvent s'enregistrer dans nos cellules. Ils peuvent alors faire obstacle à notre épanouissement, ou même, parfois, provoquer des problèmes dans notre santé et nos relations. Pour agir, la kinésiologie utilise une clé magique : elle dialogue directement avec votre corps, s'affranchissant ainsi des interférences du mental. Grâce au test musculaire, qui est une réponse réflexe du corps à une question, le praticien peut ainsi remonter à l'origine du problème mais, plus encore, en libérer la mémoire perturbatrice.

Cette thérapie utilise alors un arsenal puisé dans la médecine traditionnelle chinoise afin de rompre le conditionnement et de permettre le retour de l'équilibre et du bien-être.

Chaque fois qu'il y a stress, la kinésiologie peut apporter une aide, et sa déprogrammation peut se révéler nécessaire dans tous les problèmes d'addiction, les troubles alimentaires et même d'apprentissage. Comme toute thérapie complémentaire, elle ne doit en aucun cas se substituer à une consultation ni à des traitements médicaux.

L

Lavande

Les vibrations émises par la lavande apaisent le mental. Elles chassent le stress et la dépression aussi efficacement que certains antidépresseurs vendus sur prescription. Aussi fait-elle partie de mon bouclier spirite du quotidien. On sait par exemple que la fréquence olfactive qu'elle émet aide le cerveau à basculer des ondes cérébrales bêta de l'agitation vers des ondes gamma ou alpha plus propices à la détente, à la créativité, à l'intuition ou à l'introspection. Dans un bain, en inhalation, en massage ou en spray, l'huile essentielle de lavande nous procure un immense réconfort et apaise nos esprits. C'est sans doute la raison pour laquelle les anciens lui prêtaient des vertus de clairvoyance : une fois la paix réinstallée en nous, les choses nous apparaissent avec clarté et discernement.

Mais la lavande possède d'autres pouvoirs spirites dont celui de protéger, en maintenant auprès de vous de bonnes vibrations et en appelant de bons esprits. Elle doit cela à sa nature et à sa très haute qualité vibratoire qui font d'elle l'une des huiles essentielles qui vibrent le plus fort. Elle vous aidera donc à élever la fréquence de tous vos corps, plus encore si vous lui parlez...

Comme tout être vivant, la plante, la fleur et son concentré interagissent avec vous et vos corps énergétiques. Lorsque vous prenez son flacon avec gratitude, que vous remerciez l'esprit de la plante pour sa beauté, sa perfection et son aide, vous créez une synergie qui amplifie tous ses bienfaits.

Je recommande toujours, avant de sortir de chez vous, de vaporiser dans vos mains un peu de parfum Huit sacré ou de spray que vous aurez composé vous-même afin d'en caresser votre aura pour vous protéger. L'huile essentielle de lavande peut être avantageusement intégrée à un mélange fait d'eau, d'alcool à 70° et d'huile essentielle de petit grain bigaradier et niaouli ou géranium rosat. En mettre quelques gouttes sur une huile végétale pour s'en masser sur les poignets est une autre façon d'accentuer sa protection spirite.

Bonnes vibrations et protection spirite… Il n'en fallait pas moins pour que la lavande soit bénéfique aux unions amoureuses. En Provence, ces fleurs remplissaient traditionnellement cette fonction spirite lors des mariages. Il était de coutume de placer un bouquet de fleurs sous le matelas des jeunes mariés, de lancer des fleurs sur le parvis de l'église ou de prononcer des vœux devant un bouquet de lavande. L'industrie de la parfumerie ne s'y est pas trompée. L'huile essentielle de lavande est un composé essentiel des eaux de Cologne, mais aussi de certains parfums. Autrefois, on utilisait aussi la lavande pour réaliser des rituels d'amour… Mettez-en quelques sachets dans votre chambre à coucher et observez ce qui s'y passe…

Liberté (loi de libre arbitre)

L

La loi spirituelle de libre arbitre décrit le don qui nous a été offert de pouvoir choisir, à tout moment, l'orientation que nous souhaitons donner à nos pensées, à nos paroles et à nos actions. Car nous avons toujours le choix de penser ou d'agir de telle ou de telle manière : voilà l'essence même de notre libre arbitre. Cette loi est fondamentale. La plupart du temps, nous n'avons pas réellement conscience de nos choix. Nos pensées et nos émotions surgissent par automatisme et nous réagissons aux choses selon un programme que nous nous sommes construit au fil du temps par notre éducation, nos croyances et nos expériences de vie.

L'application du libre arbitre est exigeante, car elle nous demande de réintroduire de la conscience dans nos actes quotidiens afin de choisir d'élever nos pensées et de cultiver la joie. En vérité, quelle que soit la complexité des situations que nous traversons, l'alternative qui s'impose à nous est toujours la même : agir depuis l'énergie de l'amour vibration et de la confiance ou réagir depuis la peur. Des milliards d'occasions nous réexposent continuellement à ce choix.

Vous pensez que 99 % du temps, vous êtes en mode automatique et 1 % du temps vous êtes en mode conscient ? Ne vous découragez pas. Nous en sommes tous là. Partez de ce

1 % et poursuivez votre train de progression dans l'acceptation de vous-même.

Lorsque vous avez des pensées dures, blessantes, lorsque vous vous jugez sévèrement, ne les censurez pas. N'ajoutez pas du blâme, mais observez ces pensées. Accueillez-les pour les élever vers autre chose. Pour cela, il faut les accepter quand elles surviennent et, avec amour, les transformer en douceur.

Quand bien même vous êtes bien avancé en âge dans votre vie, surtout n'imaginez pas qu'il soit tard. Quelques semaines dans une vie peuvent tout changer. L'éveil spirituel n'a pas de limite. Il peut être lent, rapide, fulgurant, exponentiel et vous procurer tellement de paix intérieure.

La loi de libre arbitre exprime un profond respect de l'être humain. L'une de ses conséquences est que chacun est libre d'évoluer ou pas. Et vis-à-vis de nos proches, nous ne devrions jamais forcer autrui à changer ou à grandir, car il s'agit là d'une intrusion de libre arbitre.

Mais dans la réalité de tous les jours, respecter cette loi peut nous demander beaucoup d'efforts. Jusqu'où aller dans l'aide à une personne dont le choix est de vivre une situation douloureuse ? Jusqu'où aller pour faire ce que l'on pense être bien pour son enfant alors que son âme opterait pour d'autres choix ? Comment savoir ce qui relève vraiment de son choix d'âme ou de ses émotions ? Et cela sans tomber dans la permissivité éducative qui n'est pas l'observation de la loi de libre arbitre ? Car, dans ce cas, c'est l'inverse qui se produit, votre propre libre arbitre et celui des autres ne sont plus respectés.

Vous saisir de votre libre arbitre, finalement, revient à écouter davantage votre intuition et à vous demander depuis quelle énergie vous agissez : l'amour vibration ou la peur ? Servir l'amour demande un engagement conscient. Finalement, notre plus grande liberté ne serait-elle pas celle qui consiste à choisir de se soumettre à une volonté plus élevée que sa personnalité ? Celle de son soi divin, celle de ses anges qui savent mieux que nous ou celle de la cause que l'on a choisi de servir… Je vous invite à méditer là-dessus.

Sachez aussi que ce respect du libre arbitre s'impose également à vos guides et à vos anges qui ne peuvent pas vous aider sur certains sujets si vous ne leur en faites pas la demande expresse. Chaque jour, chaque fois que des choses vous font souffrir, sollicitez leur aide. Ce faisant, vous leur donnez l'autorisation d'intervenir en votre faveur. Soyez ouvert. Cela ne sera pas forcément la réponse à laquelle vous vous attendiez, mais toujours celle qui sera dans votre intérêt.

Lodolite

C'est l'un de mes coups de cœur cristallins. Et aussi un trésor que je souhaite vous faire partager. Je vous ai déjà parlé des cristaux de quartz (voir « Quartz »). La lodolite en fait partie et c'est une création divine absolument magique. Il s'agit d'un quartz originaire du Brésil ou de Madagascar qui comporte des inclusions de métaux. Ces dernières composent un véritable paysage comme une invitation à l'admirer. Si vous le faites, si vous partez en méditation dans la contemplation de son panorama, véritable chef-d'œuvre artistique, vous accédez à d'autres dimensions. Vous voyagez dans des mondes invisibles. De là, elle tire l'origine de son surnom de « pierre du chamane ». Elle facilite les expériences de vision ou simplement de perception extrasensorielle. L'esprit de ce cristal vous accompagne pour accéder à un état modifié de conscience.

Si c'est votre lumière intérieure que vous cherchez, ou bien si vous avez un questionnement à votre sujet, vous pourrez voir ou percevoir une information qui vous orientera dans la bonne direction. Votre vibration d'amour pour le cristal et pour votre être vous donnera accès à des messages lumineux.

C'est l'une des pierres les plus puissantes pour la médiumnité et le développement spirituel.

Sa fréquence sera aussi bénéfique pour rétablir en vous l'harmonie et l'alignement sur votre essence divine.

Surtout choisissez-la la plus pure possible, de préférence non polie, surtout non traitée. Ainsi, méfiez-vous des couleurs trop vives qui suggèrent une intervention chimique.

M

Maître Marie

Voici l'une des plus grandes enseignantes de l'humanité, l'une des plus pures et des plus dévouées au service divin. Marie fait l'unanimité dans toutes les religions, parfois sous le prénom de Myriam. Son énergie et sa puissante intervention accomplissent des miracles tous les jours, y compris dans des situations qui semblent inextricables.

Maître ascensionné, Marie gouverne, avec l'ange Gabriel, la flamme sacrée de couleur blanche de la pureté divine. Dans sa vie terrestre, elle fut l'incarnation même de cette pureté en action. Jamais elle ne se mettait en colère, jamais elle n'exprimait une parole qui n'était pas pleine de douceur. Vous pouvez demander son aide et celui du rayon blanc pour vous libérer de tout ce qui n'est pas pur en vous, pour avoir des intentions pures, accéder à des pensées justes et à votre vérité. Ainsi soutient-elle toutes nos démarches de purification. L'action de ce rayon est essentielle dans la phase d'ascension qui est engagée pour nous focaliser sur la pureté de cœur, de pensée, de paroles et d'actes.

Le rayon blanc nous aide aussi à renforcer notre rigueur, notre droiture, et à rechercher la simplicité. Vous pouvez faire appel à lui chaque fois que quelque chose n'est pas clair en vous ou que vous avez besoin de savoir ce qui est juste et équitable de faire.

Prier Marie nous aide aussi à nous abandonner à la volonté divine et à cesser de vouloir que les choses soient comme nous les aurions souhaitées et non comme elles le sont, tout en cultivant l'espoir et la joie. Quelles que soient vos difficultés, vos prières à Maître Marie, médiatrice de toutes les grâces divines, sont toujours salutaires. Restez juste ouvert à toutes les issues, en sachant que parfois, sortir d'une situation bloquée repose simplement sur la possibilité de la voir telle qu'elle est réellement. Marie nous enseigne le courage, la persévérance, la confiance.

L'une des prières les plus puissantes qui soient est la neuvaine à Marie qui défait les nœuds. C'est une expérience spirituelle de neuf jours de laquelle on ressort grandi, apaisé, le cœur confiant et réconforté par la puissance de son amour. Marie fait partie des spirites avec lesquels je suis constamment en contact et que je canalise régulièrement. Sa mission est de nous aider, nous, tous les habitants de cette planète qu'elle appelle « ses enfants », à évoluer vers l'Amour vibration, le service et la joie. N'hésitez pas à lui demander spécifiquement son aide pour être un bon parent et pour traverser les épreuves de votre vie.

Sur Terre, l'odeur de la vibration mariale est celle de la rose la plus subtile qui soit, la rose de Damas. La respirer élève vos vibrations et vous permet d'accéder à des intentions pures. Cette fragrance vous aide aussi à prier avec vos anges.

La fréquence de la rose de Damas est si puissante qu'elle vous procure aussi une protection mariale dans vos corps énergétiques. Car il ne faudrait pas occulter cet aspect de ses pouvoirs spirites. Marie a su protéger les siens de tout mal, de tout mauvais esprit, de toute négativité. Nombreux sont ceux qui doivent leur salut à sa protection.

Soyez attentif aux motifs et aux parfums de rose que vous apercevez dans votre vie, qui sont autant de signes spirites adressés par Marie. Saviez-vous que le nom de Lourdes, le sanctuaire marial situé dans les Hautes-Pyrénées, dérive du nom arabe *el-ouarda* qui signifie « rose » ? Nombreuses sont aussi les apparitions de la Vierge Marie qui furent accompagnées de roses ou de son parfum, dont cette pluie de pétales au sanctuaire de Lipa aux Philippines.

Magie (divine)

Chers magiciens, vous faites chaque jour bien plus de magie que vous ne le pensez. Il ne se passe pas une seconde sans que vous en pratiquiez. Chaque fois que vous émettez une pensée, que vous la nourrissez, et chaque fois que vous entretenez des émotions, selon qu'elles soient pleines de confiance ou de doute, de beauté ou de craintes, vous engendrez cela dans votre réalité avec une force que vous sous-estimez largement. Cette force ne fait que s'accroître jour après jour au fil du processus d'ascension que la Terre a entrepris, de sorte que vous vivez et plus encore vous vivrez exactement le programme que vous aurez établi, de manière consciente ou inconsciente. C'est pour cela que j'insiste énormément sur les pratiques de purification et de méditation notamment, qui nous aident à purger le négatif et à nous reconnecter à notre être profond. Afin de le laisser émerger. Cet être-là n'est que confiance, joie et amour. Chaque fois que vous lui laissez la main, la magie opère. Lorsque l'âme agit, tout devient magique autour de vous, les solutions apparaissent, la beauté prend vie, le monde se transforme. Ainsi, la magie la plus puissante est sans conteste celle que vous réalisez au quotidien. Elle n'a de limite que celle que votre personnalité humaine lui impose.

Magie (blanche et noire)

On appelle « magie blanche » tous les procédés spirites visant à apporter autour de soi une action bienfaitrice. C'est l'art d'utiliser des formules qui ne sont autres que des prières spirites, des plantes, des couleurs, des éléments et autres…, pour agir selon une intention précise. Que vous utilisiez des huiles essentielles, des pierres, des plantes, du sel…, c'est toujours l'esprit des éléments que vous invoquez pour agir en votre nom. Aussi, tout cela vous suit dans votre bagage spirituel.

Plus vous vous engagez à servir le bien, plus vous œuvrez depuis une énergie d'amour inconditionnel pour soulager les peines, les maladies ou aider vos frères et sœurs humains à vivre leurs plus beaux rêves, plus des forces spirites puissantes viendront à votre aide dans vos rituels et protocoles. Votre magie sera puissante, spirite et surnommée « blanche ».

Dès lors que les esprits seront invoqués pour servir des intérêts strictement personnels, pour agir sur autrui afin d'obtenir de lui ce que vous désirez, on parle alors de « magie noire ». S'y rattachent tous les actes visant à se venger d'une personne qui nous a fait du mal ou à nuire à ses concurrents par exemple, ou même à faire revenir un·e amoureux·se qui est parti·e pour un·e autre dont il·elle est épris·e. Malheureusement, cette magie dite « noire » existe bel et bien. La jalousie en est le tout premier niveau. Envier le succès, le bonheur ou la santé de quelqu'un envoie sur lui des énergies hautement destructrices. Elles vous seront toutefois retournées en application de la loi du karma.

Parfois, ce sont vos ancêtres qui ont subi des sorts, des envoûtements, et ces derniers ont pu se transmettre au fil des générations. C'est pour cela qu'il est important de connaître et d'avoir recours à des prières pour détruire ces liens et briser ces sorts (voir la bibliographie).

Médiumnité

La médiumnité est un don de naissance de toutes les âmes incarnées qui choisiront ou non de le développer dans leur vie terrestre. C'est la faculté que vous avez de communiquer avec les esprits présents dans le monde invisible. Le plus souvent, par la voie de votre intuition, vous percevez déjà des messages de vos anges ou de vos bien-aimés défunts. Vous pensez juste que ces pensées viennent de vous alors qu'elles vous ont été soufflées par leurs bons esprits. Avec un peu d'entraînement et de rigueur, vous pourriez percevoir ces messages de façon beaucoup plus évidente et entrer en contact avec de purs esprits.

J'en profite pour rappeler une chose essentielle en ces temps d'éveil spirituel : communiquer avec les mondes subtils ne se résume pas à ouvrir en grand les portes de sa réceptivité. Laisseriez-vous les portes et fenêtres de votre maison constamment ouvertes à tous et sans conditions ? Pour se connecter de façon sécuritaire avec le monde invisible, des précautions et des protocoles sont nécessaires, à commencer par une solide protection, pour ne pas vous retrouver chez vous avec des hôtes indésirables. Une hygiène énergétique rigoureuse et une pratique assidue de la méditation sont également de mise. Je vous donne une approche complète pour y parvenir dans mon livre sur la médiumnité (voir la bibliographie). Je vous encourage à développer ce don spirite grâce auquel vous accéderez à une nouvelle et pure dimension de vous-même faite de joie, de paix et d'amour.

Personnellement, je me suis engagée depuis très longtemps dans la pratique d'une médiumnité spirite. Elle se consacre exclusivement à la transmission de messages d'êtres de lumière visant à soulager, à répandre du bien autour de soi et à guider sur la voie de l'ascension individuelle et collective. L'intention que vous avez, au fond du cœur, de servir le bien, est la première pierre fondatrice pour attirer à vous de bons esprits. À l'inverse, un médium qui chercherait à communiquer avec les esprits par curiosité, pour son intérêt personnel ou pour apporter la preuve de son talent, attirerait à lui des esprits inférieurs qui se plairont à l'induire en erreur.

Merci

Voilà un mot magique. Mais ne me croyez pas, vérifiez-le ! Inscrivez le mot « merci » sur un papier et placez-le sous une carafe d'eau pendant quelques heures. Goûtez cette eau et comparez-la avec votre eau habituelle.

Remercier l'eau, les fleurs, les plantes, c'est reconnaître ce qu'elles font pour vous. Dans cet acte de gratitude, votre amour se transmet à elles et elles vous le rendent de manière amplifiée. La pratique de la gratitude est une manière absolument magique de multiplier son bonheur et celui de la vie. Chaque fois qu'une personne, un cristal, un animal ou un esprit fait quelque chose que vous appréciez, remerciez, reconnaissez. Et vous allez vous rendre compte de tout ce qui est pour vous.

Parfois, on peut reprocher à ses proches de ne pas en faire assez pour nous aider, à ses collègues ou autres. Et si vous essayiez d'abord de leur dire merci pour ce qu'ils font déjà. Vous allez voir, ça va les transformer.

Mère divine

Vous avez peut-être entendu parler de la Divine Mère ou de la Mère divine, qui est parfois présentée comme un concept. C'est une réalité, une puissance d'amour infinie que vous pouvez invoquer, à tout moment, pour amplifier en vous-même votre propre vibration d'amour. La Divine Mère n'est autre est le Divin dans son essence féminine. Elle est à la source de tout ce qui est. Elle existe en vous comme vous existez aussi en Elle.

Vous La ressentez particulièrement quand vous êtes seul dans la nature. La beauté des fleurs ou des arbres vous aide à ressentir cette bonté et cet amour infini pour tout ce qui vit.

Vous pouvez demander à La respirer, à La rayonner. N'hésitez pas à faire appel à la Divine Mère pour vous permettre de recevoir Son énergie dans votre cœur. Cela vous aidera à ouvrir les portes de votre compréhension, à élever vos vibrations et à vous sentir, ici et maintenant, à votre place. Appelez-La dans vos moments de doute, de tristesse ou de désespoir afin qu'Elle vous procure réconfort, force et courage. Laissez-La alors vous emplir de son amour pour rire à nouveau avec la vie.

Merkaba

Elle est au cœur de ma vie et de mes pratiques. Aussi, j'aimerais vous aider à la découvrir, à mieux la connaître et à vous en servir. Votre merkaba est parfois appelée « vaisseau de lumière ». C'est en quelque sorte votre aura à un niveau vibratoire beaucoup plus élevé. À chaque fréquence vibratoire correspond en effet une réalité. Ainsi, sur un niveau qui est celui de la cinquième dimension, vibre votre merkaba. Sa forme est celle d'une étoile tétraédrique, autrement dit deux pyramides inversées imbriquées, l'une tête vers le haut et l'autre tête vers le bas.

Pourquoi s'y intéresser ? Elle peut notamment vous aider à améliorer votre protection énergétique et vous assister dans votre développement spirituel en activant certaines de vos qualités subtiles. En effet, elle agit et se comporte comme un cristal dont elle en possède les qualités. Aussi, une manière de l'activer tout en douceur est de vous procurer un petit cristal de votre choix en forme de merkaba et de l'avoir avec vous lors de vos méditations par exemple. Vos chakras et vos corps énergétiques vont communiquer avec ce cristal. Sa forme va entrer en résonance avec votre propre merkaba et réveiller sa nature cristalline De plus, cela facilitera les contacts spirites avec vos anges, vos guides ou votre être de lumière lors de vos méditations.

Plusieurs fois, pendant vos journées, n'hésitez pas à visualiser autour de vous cette forme géométrique sacrée qui est votre véhicule de lumière pour l'ascension. Sachez que c'est également celui que certains guérisseurs, médiums, chamans ou guides spirituels incarnés utilisent pour réaliser des voyages dimensionnels.

Lorsqu'elle est activée, l'étoile tétraédrique possède d'incroyables propriétés de guérison et de rajeunissement. Cette forme géométrique concentre tout l'amour de notre être de lumière, toute l'énergie divine qui est la nôtre avec une telle force qu'elle est capable de régénérer tout organisme vivant, de tout transmuter.

Voici un exercice que je pratique quotidiennement pour renforcer ma protection énergétique et activer la merkaba ; il vous aidera à recréer autour de vous votre véhicule de protection et d'ascension…

Assis ou debout, fermez les yeux tout en respirant lentement et profondément. Étendez vos deux bras à l'horizontale, de chaque côté du corps, les paumes des mains vers le sol. Visualisez que vous recevez par vos chakras des mains l'énergie d'amour de l'élément terre. Tout en maintenant vos bras dans la position, tournez vos paumes vers le ciel pour recevoir l'énergie d'amour céleste.

Joignez maintenant vos mains dans le dos, les paumes face à face, puis ramenez-les en avant, étendues à l'horizontale, paumes face à face. Dirigez-les ensuite vers vous pour que vos deux pouces pointent vers votre plexus solaire, siège d'une énergie très puissante. Par ce geste, vous captez l'amour présent en vous-même.

Élevez ensuite vos deux mains dans cette position au-dessus du chakra de la couronne et ouvrez-les. Tournez vos mains dos à dos, puis étendez-les comme si vous ramassiez toute l'énergie universelle, que vous ramenez à votre cœur dans la position de prière, les pouces toujours pointés vers le cœur. Par ce geste, vous venez de créer autour de vous un puissant œuf de lumière.

Miroir

Le miroir est un objet spirite très particulier. La célèbre traversée du miroir d'Alice, l'héroïne de Lewis Caroll, qui a bercé plusieurs générations d'enfants, n'est pas qu'un mythe. Le miroir capte l'invisible et peut servir de porte d'entrée à certains esprits.

Ce n'est pas par hasard si, lors d'un décès, les miroirs dans la maison du défunt étaient soit couverts, soit voilés, retournés ou sortis de la maison. Ces pratiques ont traversé les continents et les traditions. Elles se retrouvent dans le judaïsme, en Afrique, en Chine. C'est vraiment une attitude sage que je vous recommande d'adopter. Dans cette période sensible où l'on prie pour que l'âme de notre défunt bien-aimé rejoigne le royaume de paix et de lumière éternelles, des esprits inférieurs pourraient passer par les miroirs et perturber ce processus.

D'autres sages précautions s'imposent avec les miroirs. En règle générale, ne prononcez aucune prière, ne faites aucun rituel ou protocole spirite, même un ancrage, devant un miroir. En dehors de cela, rassurez-vous, vous ne craignez rien à vous y regarder. Au contraire. Cela peut servir votre santé et vos énergies si, à chaque fois que vous vous apercevez dans un miroir, vous vous souriez. Vous souriez à l'être merveilleux que vous êtes et vous envoyez une onde d'amour à toutes vos cellules.

Objet puissant, le miroir a une incidence, chez vous, selon les endroits où il se trouve. Aussi, à juste titre, le feng shui (voir « Feng shui ») recommande de ne surtout pas le placer face à une porte ou une fenêtre. Face à la porte d'entrée, par exemple, il renverrait hors de chez vous toutes les bonnes énergies qui y pénètrent. Bannissez-le également de la chambre à coucher.

En revanche, on va recourir à son pouvoir réflecteur lorsque l'on aura besoin de se protéger des mauvaises énergies en provenance de l'environnement extérieur émises par des formes angulaires, en arêtes ou en flèches et qui pointent vers votre bâtiment, telles des pylônes, arêtes d'immeubles, antennes… Un positionnement sur le mur extérieur d'un ou plusieurs miroirs convexes appelés « Pa Gua » vous protégera alors de la nuisibilité de ces flèches.

Mort

La mort, aussi douloureuse soit-elle pour les vivants, n'est que la libération de l'âme d'avec son enveloppe corporelle. Même si nous avons l'impression que notre monde visible terrestre est le seul à être bien réel, en vérité, le monde des esprits lui est préexistant et survivant.

Quand le lien fluidique qui relie l'âme à son corps finit par se rompre, celle-ci peut se trouver, pendant un temps, désorientée. Ce laps de temps peut être très court, notamment si la personne a eu une vie spirituelle active ou, tout simplement, si elle a nourri sa joie intérieure, sa confiance dans le divin, et qu'elle a connu des instants d'union avec son âme. Elle se souvient alors de son origine. Ainsi, toutes vos méditations, prières et efforts pour vivre en accord avec vous-même vous préparent aussi à un passage harmonieux vers le royaume de paix éternelle des bons esprits.

Ce passage peut être un peu plus délicat lorsque les peurs sont très fortes car, avec l'arrivée de l'âme dans un autre plan de conscience appelé « astral », ces dernières prennent vie. Ce plan donne vie aux illusions de peur, faisant croire à l'âme qu'elle est en train d'éprouver ce qu'elle redoute. C'est aussi pour cela que les prières des vivants, après le décès d'une personne, lui sont d'une aide puissante. Elles aident son âme à percevoir la lumière au-delà du voile de ses illusions et à apercevoir ses anges et guides qui l'attendent afin de pouvoir les rejoindre. Elles appellent aussi des forces de lumière, et plus encore lorsqu'elles sont accompagnées par la magie de la bougie.

Si les rites funéraires sont très variables d'une tradition à une autre, ils ont tous pour vocation d'aider ce passage et d'accompagner l'âme du défunt bien aimé vers les mondes de lumière. L'une des fleurs les plus spirites que l'on plantait autour de la tombe des défunts, dès l'Antiquité, n'est autre que l'iris. Cette fleur appelle les énergies de la déesse du même nom qui accompagne les âmes dans leur voyage vers les lieux du repos éternel. Les formes dans les nuages ou les arcs-en-ciel lors des funérailles sont des petits signes de l'au-delà parmi tant d'autres… que tout va bien.

N

Nœud

N

Quand vous lacez vos chaussures, vous faites un nœud pour les fermer et, ainsi, vous assurez votre sécurité lorsque vous marchez. Un petit nœud sur un sous-vêtement féminin aide à protéger le chakra sacré. Tout cela n'a l'air de pas grand-chose…, mais les nœuds se prêtent parfaitement à la magie. Un cordon, un ruban, noué de telle ou telle manière, associé à une intention et accompagné de l'aide spirite devient un instrument de pure magie. Ne désigne-t-on pas l'union de deux personnes comme le nœud sacré du mariage ?

Dans le nœud, les liens qui se nouent deviennent plus solides, la relation d'amour en est plus protégée. Ce n'est pas par hasard qu'il existe de nombreuses traditions avec des rubans rouges lors des mariages, le rouge étant la couleur de l'amour…

Ainsi, si vous vivez une belle histoire d'amour avec votre partenaire que vous souhaitez renforcer et protéger, vous pouvez faire le rituel suivant. Procurez-vous un ruban de tissu rouge. Purifiez-vous pour effectuer le protocole. Inscrivez au stylo noir sur le ruban votre nom et votre prénom, ainsi que ceux de votre partenaire. Connectez-vous à une vibration d'amour pur et infini en vous recentrant sur votre cœur. Réalisez alors le plus joli nœud que vous puissiez faire depuis cette énergie d'amour. Il ne vous reste plus qu'à le placer dans votre chambre à coucher.

Les nœuds servent à emprisonner une charge spirite, à l'amplifier et la relarguer autour d'eux tels des émetteurs de fréquences. L'un des plus anciens d'entre eux est connu sous le nom de « bouclier celtique ». Ce nœud est un symbole spirite utilisé par les druides pour bénir, protéger les guerriers et accompagner les rituels de guérison. Il aide à éloigner le mal et les mauvais esprits.

Ainsi, certains nœuds remplissent plus une fonction de protection énergétique, d'autres de connexion à des forces spirites, d'autres encore attirent le bonheur, la chance ou la santé. D'autres enfin servent à réaliser des souhaits à condition de les murmurer à haute voix lorsque l'on tisse le nœud. L'état vibratoire dans lequel vous réalisez ces protocoles est l'ingrédient premier de cette magie. Ainsi, les moines tibétains chantent-ils des mantras lorsqu'ils tressent dans un seul fil les nœuds de leurs bracelets rouges, par là même chargés d'énergies positives et spirites.

Noir

Je voudrais ici faire voler en éclats l'idée selon laquelle la couleur noire serait synonyme de malheur ou de mauvais présage. Cette croyance prit naissance à l'époque de la grande chasse aux sorcières conduite par l'Église catholique au Moyen Âge. Cette dernière a pourchassé, aux fins de les éliminer, toutes les femmes guérisseuses, médiums ou érudites qui pouvaient être une menace à son pouvoir autocratique. Comme elles étaient souvent accompagnées d'un chat noir considéré comme leur animal favori, ces derniers subirent le même sort qu'elles sur le bûcher. Lesdites « sorcières » et leurs chats noirs furent associés au satanisme.

En vérité, ces femmes sages avaient d'excellentes raisons de choisir un chat au pelage noir… La même que nos anciens avaient de porter noirs certains vêtements ou accessoires tels que les chapeaux, bérets, etc.

Notre habillement constitue en effet notre première protection face aux situations extérieures négatives, qu'elles émanent de lieux, de sentiments ou de jalousies dirigées contre nous. Lorsque notre vêtement est de couleur blanche, cela signifie qu'il renvoie la plus grande partie des énergies qui lui sont adressées. Il les redirige sur ce qui est le plus proche de lui, c'est-à-dire nous. À l'inverse, la couleur noire absorbe intégralement les fréquences et les rayonnements qu'elle reçoit, nous permettant d'en être totalement protégés. Elle fait donc office de bouclier. Voilà pourquoi ceux qui pratiquaient des métiers traditionnellement très exposés à la souffrance, tels que les curés ou les avocats, étaient entièrement vêtus de noir. Comprenez qu'à l'inverse, dans d'autres circonstances, si vous recevez un soin énergétique ou si vous allez dans un lieu qui diffuse de pures vibrations, vous avez plutôt intérêt à être habillé de blanc pour que votre corps bénéficie pleinement des bonnes fréquences.

Il ne faut donc pas hésiter à s'habiller en noir chaque fois que vous savez être confronté à des énergies difficiles de quelque nature qu'elles soient. N'hésitez pas à étendre cela à vos sacs, mallettes et bagages. L'envie, la jalousie sont des rayonnements qui peuvent vous êtes envoyés ; si vous avez un sac ou un bagage de couleur noire, c'est d'abord lui qui va absorber ces vibrations néfastes. Vos corps énergétiques seront atteints de manière moins directe. Voilà pourquoi le noir fait partie de mes secrets de protection énergétique.

Je vous recommande d'avoir chez vous quelques pochettes de coton noir que vous pouvez fabriquer dans des tee-shirts ou des linges de toilette. Déposez-y les objets qui ont besoin d'être déchargés de leur négativité, comme vos bijoux, accessoires, pierres et autres. Plus encore, lorsque vous souhaitez bannir de votre vie le négatif, vous débarrasser de mauvaises habitudes, chasser la malchance, les malheurs ou encore les mauvais esprits, pensez à utiliser des bougies cierges teintées de noir.

Comprenez que le noir n'est pas l'inverse de lumineux : il peut y avoir une immense luminosité sacrée dans le noir, comme il peut y avoir des lumières très obscures. Plus précisément, le noir, couleur de la terre, est porteur des énergies de la Déesse Mère et du Féminin sacré. Regardez les vierges noires, elles sont protectrices, gardiennes de sources sacrées. Elles sont le lieu d'innombrables miracles. Elles incarnent les pouvoirs sacrés de guérison, de procréation, de médiumnité et de magie qui ne peuvent prendre vie que grâce aux puissantes forces d'amour émanant du noyau de notre Terre Mère. Voilà l'essence du Féminin sacré, l'amour inconditionnel, cette formidable force de vie que les anciens ont honorée et appelée de divers noms selon leurs cultures : Isis, Aphrodite, Mélusine, Aphrodite, Diane, Freya, et bien d'autres. Le Féminin sacré emploie avec sagesse les rythmes et les forces de la nature, les pierres, les plantes, les astres… Sa couleur est celle d'une sainte ténèbre.

Noisetier

Je vous parle du noisetier parce que, si vous habitez à la campagne ou si vous possédez un jardin, y planter une haie de noisetiers peut accroître votre protection spirite. Cet arbuste est d'une extraordinaire vitalité. Il a survécu à des dizaines de millions d'années sur Terre. Ses branches et son feuillage émettent de très bonnes vibrations. Leurs énergies pures peuvent abriter des fées et des esprits protecteurs. Détenteurs de cette sagesse, les anciens bordaient leur maison ou leur jardin de haies de noisetiers.

L'autre particularité majeure du noisetier est son rapport intime avec l'eau. Sa réceptivité au champ magnétique de l'eau est intense. Les sourciers utilisaient et utilisent toujours son bois pour détecter les eaux souterraines. On sait aujourd'hui que ses racines purifient l'eau de ses zones riveraines.

Sur un plan purement spirite, les branches et les fruits du noisetier ont servi à la pratique des arts divinatoires. Le noisetier se fait amplificateur de vibrations, ce qui en fait une baguette ou un pendule de choix (voir « Baguette »). Son esprit sage et pur fait de lui un intermédiaire naturel entre l'être humain et le monde spirite. Il se dit que sous ses branches, des messages peuvent vous êtes délivrés. À Paray-le-Monial, en 1675, le cœur sacré de Jésus apparaît à Marguerite-Marie Alocoque, sous la forme d'un trône de flammes, sous le noisetier du jardin.

O

Œuf

Dans ma famille de guérisseurs, nous avons toujours utilisé les pouvoirs spirites des œufs pour accomplir des rituels destinés à réaliser des souhaits, guérir certaines choses, purifier ou même retirer le mauvais œil, ces énergies nocives provoquées par la jalousie ou la magie noire exercée à notre encontre. Ce savoir qui m'a été transmis, je le diffuse à mon tour dans mes livres, mes ateliers, et je l'enrichis avec l'aide de mes spirites.

L'œuf est connecté aux forces spirites. Et il présente la particularité de concentrer en lui-même les quatre éléments que sont l'eau, l'air, la terre et le feu. Il est l'embryon qui donne naissance à la vie. Sa puissance est telle qu'il peut absorber une quantité infinie de mal, comme donner vie à nos souhaits, tout dépend des protocoles utilisés et des intentions posées.

Aujourd'hui, on s'offre des œufs en chocolat à la période de Pâques. Mais il fut un temps où on savait que les œufs de cette période détenaient de plus grands pouvoirs. Du fait de ses propriétés, l'œuf pascal, placé sous l'oreiller d'un enfant, le gardait en bonne santé. Il pouvait lui retirer sa fièvre ou son mal. Dans des régions comme la Corse qui ont conservé des traditions plus vivaces, l'œuf pascal est encore parfois placé au chevet du lit pour prévenir les maladies ou bien conservé précieusement toute l'année pour apporter protection au foyer.

Quant à la tradition des œufs peints, elle remonte à l'époque où l'on dessinait sur son œuf le souhait que l'on voulait voir arriver dans sa vie…

Chez vous, vous pouvez utiliser ce protocole pour nettoyer vos corps énergétiques après votre douche par exemple. Il vous faudra un bol, un mouchoir en papier, un peu d'eau et un œuf bio très frais. Placez votre œuf dans votre main droite, ou la gauche si vous êtes gaucher. Faites tourner votre œuf quelques secondes dans votre main, puis, toujours en tournant, faites sept tours au-dessus de votre tête dans le sens des aiguilles d'une montre. Ensuite, faites rouler l'œuf sur l'ensemble de votre corps, à même la peau si possible, en commençant par le haut du corps, puis les bras, les jambes, sous la plante des pieds et enfin le sexe. Maintenez-le encore quelques instants autour du nombril. Enfin, adressez-vous à votre œuf en le remerciant de vous avoir purifié. Cassez-le ensuite dans un bol rempli d'eau. Mettez la coquille sur un mouchoir en papier, que vous refermez pour l'écraser d'un geste de la main. Enfin, jetez le tout dans les toilettes.

Offrande

Consciemment ou inconsciemment, nous faisons régulièrement appel à nos guides, à nos anges, à l'esprit de nos défunts bien-aimés. Ainsi, parfois, nous formulons un vœu intérieurement et nous disons : « Ah ! j'aimerais tellement vivre ceci ou qu'il m'arrive cela… ou que je me libère de ceci » Et nous demandons à l'Univers de nous aider. Même lorsque nous ne le voyons pas, le monde invisible agit et ne cesse jamais de s'employer à nous aider, parfois sur l'instant pour éviter un accident. À nous d'apporter régulièrement une contribution aux autres, en remerciement du soutien spirite fourni. C'est ce que j'appelle une « offrande » : offrir quelque chose sans aucune attente en retour, un peu d'argent, des fruits, un plat préparé par nos soins. Et ça nous fait du bien, plus encore à nous qu'à celui qui le reçoit. N'avez-vous jamais goûté à ce bonheur que l'on ressent lorsque l'on croise un inconnu dans la rue, qu'on peut l'aider d'une information, d'une pièce, d'un café, et voir le sourire revenir sur son visage. Donner un peu de soi, sans rien attendre, rend heureux. Parce que c'est la manière naturelle de s'exprimer de votre soi véritable.

Plus globalement, je vous conseille de redonner à l'Univers un petit pourcentage de vos revenus, une somme en rapport avec vos moyens. Offrez de la nourriture, des dons en nature ou en espèces à des associations qui défendent des causes qui vous tiennent à cœur. Tout n'a pas besoin d'être monnayé. Vous pouvez aussi donner de votre temps et de vos compétences. Les spirites sont surtout sensibles à notre intention. C'est moins la valeur de notre offrande qui compte que de la réaliser avec le cœur et le désintérêt. Une onde d'amour que vous envoyez à une personne, à un pays, est déjà une offrande.

Offrez toujours de belles choses, ce que vous aimez vraiment, car en vérité, c'est à vous en tant que source divine que vous l'adressez. Ce faisant, vous activez la loi spirite du don selon laquelle tout ce qui est donné vous reviendra.

Oignon

Saviez-vous que l'on a retrouvé des momies égyptiennes tenant dans leurs mains de l'oignon ? Les pouvoirs spirites de l'oignon lui valent la consécration de plante sacrée en Égypte ancienne, bien loin de la mauvaise réputation dont on l'affuble parfois aujourd'hui. On devrait toujours avoir dans sa maison des oignons, et pas seulement pour ses incroyables vertus santé.

Vous vous souvenez peut-être que votre grand-mère avait chez elle une tresse d'oignon suspendue ? Et pourtant, quand elle voulait cuisiner des oignons, elle allait les chercher ailleurs… Il faut bien distinguer les oignons à usage alimentaire de ceux à usage spirite. L'oignon possède la faculté d'attirer à lui les énergies négatives et de les absorber. Une tresse d'oignons suspendue dans une pièce contribue à l'assainir.

Mais, pour plus d'efficacité, je vous conseille, si vous trouvez qu'il n'y a pas de très bonnes énergies chez vous ou dans votre chambre, de découper quelques oignons en deux ou en quatre, de les déposer aux quatre coins et de les laisser agir le temps d'une journée. Vous devrez ensuite bien évidemment les jeter. Cela vaut aussi pour des lieux clos. Le réfrigérateur emprisonne parfois des mauvaises odeurs. Un oignon coupé en quatre retiendra tout ce qui pourrait nuire à la qualité de vos aliments. Prenez donc soin de ne pas consommer des oignons coupés que vous auriez laissés à l'air libre, même rangés dans un placard.

En plus d'emmagasiner le négatif, l'oignon capture les polluants, microbes ou bactéries présentes dans l'air, diminuant la contagiosité des maladies. Si une personne est malade, des oignons coupés placés sous son lit concourront à décontaminer la pièce et à absorber le mal dont elle souffre. Dans certaines affections comme la fièvre ou les oreillons, des emplâtres d'oignons crus hachés et écrasés, aux pieds du malade, sont un remède secret de guérisseur.

Pour protéger votre habitation des énergies nocives ou de l'atteinte du mauvais œil, vous pouvez également faire pousser des oignons sur le rebord de vos fenêtres.

L'esprit de l'oignon étant très bénéfique, vous aurez plus de richesses si vous l'honorez entièrement. Ainsi, évitez de jeter ses pelures à la poubelle. Vous pouvez les recycler au jardin, mais aussi à la cuisine, dans la soupe. Pensez également à les faire sécher. Dès lors, vous pouvez en faire une infusion, de la chapelure ou les faire brûler, en conscience, pour attirer à vous plus de richesse.

Oiseaux (langue des oiseaux)

Vous avez probablement déjà remarqué que certains établissements hôteliers historiques portaient le même nom d'une ville à l'autre. L'une des appellations les plus récurrentes est celle-ci : *Au Lion d'Or*. Si vous écoutez autrement, vous pouvez y percevoir un autre sens plus implicite : « au lit on dort ». Cela vous offre la promesse d'un repos salvateur. Par conséquent, les mots de notre langue peuvent véhiculer un sens caché. De nombreux messages nous sont ainsi transmis au quotidien par les spirites au travers de la langue dite « des oiseaux » ou « de la philosophie hermétique », du nom du dieu Hermès, messager des dieux. Par exemple, si vous écoutez bien le mot « guérir », il vous délivre une clé essentielle à la guérison : le gai-rire, c'est-à-dire l'émotion de la joie. Même le vocable de la « mort » révèle sa vraie nature, c'est l'âme hors (du corps).

Parfois, c'est votre âme elle-même qui peut vous aider à comprendre quelque chose ou à choisir une direction comme elle le fait au travers du choix de votre appellation de naissance. La plupart des prénoms portent en eux-mêmes la teneur de certaines initiations de vie qui peuvent vous êtes dévoilées par la langue des oiseaux. S'ouvrir à ce langage vous entraîne à être attentif à une autre forme que l'écrit pour vous éveiller aux cris des oiseaux, c'est-à-dire aux paroles des ailes que sont les esprits bienveillants.

Onde de forme

O

Si vous dessinez avec votre doigt une spirale dans le sable et que vous y déposez une bille, cette dernière va suivre naturellement le sillon que vous avez tracé. Dans l'invisible, c'est un peu la même chose. Toutes les formes ont des effets sur l'énergie, certaines l'attirent, certaines l'harmonisent ou l'améliorent, d'autres la concentrent et l'amplifient, d'autres encore la dénaturent, la rendent agressive et délétère pour l'aura. C'est le cas notamment de toutes les formes angulaires ou en arêtes.

Tous les temples, églises, construits avec la sagesse de la géométrie sacrée, sur des sites bien spécifiques de la circulation énergétique terrestre, concentrent des flux énergétiques purs et puissants qui font de ces lieux des sanctuaires de paix et de ressourcement.

En tant que médium spirite, je m'intéresse aux formes de la géométrie sacrée, qui peut être considérée comme la science appliquée de l'amour infini et inconditionnel ou l'intelligence divine des nombres. Les formes de la géométrie sacrée sont des codes divins de la vie qui l'aident et la soutiennent.

Elles concentrent l'énergie d'une telle manière qu'elles peuvent accomplir mille choses. Selon leur nature, elles peuvent nous protéger des mauvais esprits, consolider nos corps énergétiques, nous aider à réaliser nos souhaits, à accéder à d'autres dimensions de nous-mêmes ou à attirer à nous de bons esprits. En effet, certaines formes agissent comme des liens énergétiques envers vos protecteurs ou émettent une vibration qui crée une connexion avec certains spirites.

Par exemple, l'œil oudjat vous apporte une protection contre le mauvais œil et les mauvais esprits. Il amplifie votre perception intuitive et vous rend plus perceptible la présence de votre ange gardien à vos côtés.

Parmi les autres ondes de forme les plus favorables, citons l'œuf, l'étoile à six branches, la *vesica piscis* (croisement de deux disques de même diamètre), la pyramide, le huit de l'infini ou Huit sacré, ou encore le cube de Métatron, du nom de l'archange qui nous l'a transmis… Pour ce qui me concerne, la forme que j'utilise le plus pour ma protection, dans mes soins spirites ou la médiumnité, est celle du Huit sacré (voir « Huit sacré »).

Oracle

Comme vous, j'ai toujours aimé tirer des cartes divinatoires pour éclairer une situation, une prise de décision ou simplement identifier quel ange, saint, plante ou fleur serait le plus à même de m'aider dans l'instant présent. Au travers d'un oracle, on cherche à obtenir une réponse spirite à une question que l'on se pose. Aussi, quelles que soient les cartes que vous utilisez, ayez conscience que si vous ne précisez pas à qui vous demandez un éclairage : cela peut être votre être de lumière, vos anges, vos guides ou vos spirites, quantité d'entités pourront se plaire à vous donner des réponses qui n'auront rien de bienveillant. Le mieux est alors de demander un rendez-vous avec les spirites, quelques jours avant, lorsque vous voulez consulter vos cartes, afin d'être sûr que ce soient eux qui vous orientent vers un message aidant.

Ce jour-là, pour en tirer le meilleur parti, vous vous serez bien purifié avant de procéder au tirage. Évitez de chercher à prédire l'avenir, concentrez-vous sur des demandes dans l'ici et maintenant et uniquement vous concernant. Cet instant s'aborde avec respect, humilité et gratitude. Enfin, si on vous propose quoi que ce soit qui s'apparente à un jeu divinatoire, passez votre chemin. Si vous en faites un jeu, vous attirerez à vous des esprits inférieurs guidés par la volonté de nuire.

Oracle Messages de lumière

La plupart du temps, nos demandes concernent des émotions et des difficultés du quotidien pour lesquelles il n'est pas toujours nécessaire de solliciter les esprits. En revanche, il nous est très utile d'apprendre à écouter la voix de notre sagesse intérieure, celle de notre essence divine ou simplement celle de notre inconscient. Cette voix nous aide à identifier des zones d'ombre qui ont besoin de notre amour ou à laisser émerger nos peurs et nos désirs pour les transformer en richesses et en atouts. Les cartes « Oracle Messages de lumière » que j'ai créées nous mettent en contact avec notre intuition divine afin de trouver la clé des choses cachées. Elles permettent d'accéder à son inconscient, à ses désirs les plus secrets, et de mettre au grand jour ses peurs les plus profondes… On peut ainsi orienter le courant de sa vie d'une façon constructive. Et gagner en autonomie en apprenant à savoir par nous-mêmes ce qui est bon pour nous.

P

Pendaison (de crémaillère)

P

J'aime beaucoup les rituels de nos anciens parce qu'ils avaient, la plupart du temps, des fonctions spirites très précises. C'est le cas par exemple de la pendaison de crémaillère. Au Moyen Âge, lorsqu'une habitation était terminée, la dernière chose que l'on installait était la tige en métal dans la cheminée. Y était suspendue la marmite où les repas seraient préparés. On organisait dès lors, très vite, un repas avec tous les proches pour activer les énergies de la maison et qui ferait office de bénédiction. Sous d'autres lieux, les coutumes pouvaient varier, mais pas l'institution de ce premier repas partagé.

Quand vous emménagez dans un nouveau lieu de vie, que vous en soyez locataire ou propriétaire, dès que vous avez les clés sur vous, je vous recommande de faire une offrande aux esprits des lieux dès votre première visite. Votre habitation a une vie spirite liée à son histoire, aux événements qui s'y sont produits et aux esprits protecteurs qui en sont chargés. Déposez par exemple à leur attention une coupelle avec des fruits frais, des fruits secs, du lait, des aliments sains que vous aimez.

Faites ensuite réaliser une purification spirite par un énergéticien qui s'assurera qu'aucun esprit inférieur n'est resté attaché à votre lieu de vie. Si vous ne pouvez pas, procurez-vous un balai neuf (voir « Balai ») avec lequel vous pourrez aussi nettoyer l'invisible. Répandez partout au sol du gros sel un vendredi soir et balayez-le le samedi matin pour le jeter dans les toilettes. Purifiez aussi à l'encens avec l'aide des spirites (voir « Benjoin »).

Puis prenez rendez-vous avec les spirites pour une bénédiction de votre lieu de vie.

Si vous êtes de confession islamique, juive, chrétienne, hindoue, bouddhiste, vous trouverez facilement sur internet des prières qui se rapportent à votre croyance. Sinon, allumez une bougie cierge blanche et faites une prière en laissant votre cœur s'exprimer. Demandez simplement que votre lieu de vie soit placé sous la protection des anges, de vos guides et des spirites, et qu'il vous apporte, à vous et à ses habitants, la santé, la paix, le bonheur, l'abondance et l'amour.

Enfin, dans les semaines qui suivent, et le plus tôt est le mieux, organisez un repas même en petit comité pour célébrer votre emménagement. Chacun y prononce des vœux de joie, de bonheur, de prospérité pour les habitants. Faites-en un moment de joie et de rire. Les bonnes énergies que vous allez installer à ce moment se fixeront telle une imprégnation positive pour donner le ton de ce qui sera vécu sous ce toit. Si vous êtes seul, célébrez ce moment avec de la vaisselle neuve, des mets délicats, une bougie, et visualisez ce que vous souhaitez réellement vivre dans cet endroit.

Peurs

Les peurs sont au cœur de notre développement spirite. Trop souvent, je vois, quand je réalise mes soins spirites, qu'elles ne sont pas bien gérées. La plupart du temps, on veut s'en défaire, s'en débarrasser. Mais ce que vous ne voyez pas, c'est que lorsque vous faites obstacle ou que vous vous opposez à quelque chose, vous nourrissez son énergie. Et, au fil du temps, cela prend encore plus d'importance. J'aimerais vous faire comprendre que vos peurs sont vos alliées. Elles vous servent de panneaux indicateurs. Elles vous montrent exactement le domaine, l'endroit, l'aptitude qui, en vous, a besoin d'être guéri et réharmonisé.

Vos peurs surgissent pour que vous les exploriez. Elles vous montrent le chemin le plus direct pour vous réconcilier avec votre foi, votre confiance, votre courage, votre force ou autre. Si vous refusez l'amour parce que vous avez peur d'être trahi ou abandonné à nouveau, il est nécessaire que vous acceptiez cette peur afin d'abandonner cette émotion qui ne vous appartient plus.

Ce que vous êtes en vérité n'est qu'amour, confiance et lumière. Dites-vous que tout le reste, ce sont des choses qui ne vous appartiennent pas vraiment, mais ce sont vos créations énergétiques. Vous les avez entretenues. Et évidemment, il faut s'en occuper, car elles créent en vous de la souffrance par ce qu'elles attirent à elles comme énergies ou esprits, et aussi par les conséquences qu'elles ont dans vos corps énergétiques.

Elles y provoquent des dysharmonies qui se traduiront par des douleurs et des maladies du corps physique.

Si je poursuis mon exemple au sujet de la peur d'aimer, elle vous montre que vous avez besoin de changer votre perception. Que vous êtes digne d'être aimé pour qui vous êtes, quoi que vous fassiez, et personne ne peut vous abandonner puisque vous êtes toujours et à chaque instant infiniment aimé de votre être de lumière, de vos anges, de vos frères de lumière, de votre Père/Mère divin·e, etc. Il n'y a donc rien à craindre à ouvrir son cœur.

Plomb

Se sentir plombé, ce n'est pas très plaisant. Quand on a cette sensation d'avoir une chape de plomb au-dessus de la tête ou des épaules, notre joie s'évanouit. Et tout commence à partir de travers. La plupart du temps, quand on m'appelle pour cela, je vois que les personnes sont trop chargées négativement. Les négativités donnent cette sensation de lourdeur et finissent par obscurcir la vision. On finit par se retrouver dans une sorte d'épais brouillard.

J'ai découvert le plomb dans mon enfance. Ma famille de guérisseurs en faisait un usage éclairé pour dégager le négatif et retirer les maléfices. En quelque sorte, dans l'expression « se sentir plombé », le langage nous donne en même temps le problème et son remède. Ainsi, autant le plomb est un toxique puissant sur le plan physique, autant c'est un extraordinaire dépolluant sur le plan éthérique. D'ailleurs, c'est le seul métal capable de nous protéger des radiations nucléaires et des rayons X. Rattaché à Saturne, cet élément permet de retirer le mauvais œil, les sorts, et de décharger un individu. Il peut aussi servir à la divination selon une technique remontant aux anciens Égyptiens appelée « molybdomancie ».

Pour vous libérer, vous pouvez vous procurer quelques petites billes de plomb, une dizaine environ. Rassemblez-les dans un mouchoir en papier et vous les laisserez sous votre oreiller pendant trois nuits. Le quatrième jour, vous ferez le rituel suivant : vous porterez une casserole d'eau à ébullition, environ 2 litres. Puis vous ferez fondre les billes sur un réchaud à gaz dans un petit récipient en aluminium par exemple. Dès qu'il est liquide, vous arrêtez le feu et vous le versez dans l'eau encore très chaude. Quand le métal sera refroidi, vous pourrez le placer dans une petite pochette noire et il pourra vous resservir ultérieurement pour un autre rituel.

Puissance

Je me suis beaucoup demandé à quelle lettre j'allais évoquer le sujet de l'ancrage énergétique. Parce que j'aurais pu le relier aux concepts de confiance, de force, de santé, de courage, de sérénité. Aussi il m'a semblé que celui de puissance était le plus complet.

L'ancrage énergétique peut être défini d'une part comme l'appropriation de nos pleines capacités de réalisation dans la vie terrestre. Pour cela, nous avons besoin de force, de stabilité émotionnelle, de bonne santé, d'équilibre. Et l'ancrage agit sur tout cela à la fois. D'autre part, il est une condition au développement de nos pouvoirs spirites : l'intuition, la médiumnité, la guérison énergétique, la pratique de la magie... Cet ancrage est fondamental justement parce que nous sommes des êtres spirituels. Regardez le développement des arbres. Sans racines profondément ancrées au sol, ils sont dans l'incapacité de croître et de s'élever.

Vous pouvoirs spirites vous sont donnés pour agir sur le monde. Ils demandent que vous soyez pleinement saisi de votre expérience de vie, ici et maintenant. Plus encore, ils exigent que la circulation énergétique soit rétablie dans vos corps, entre le haut tourné vers le divin masculin et le bas tourné vers le divin féminin. Grâce à l'ancrage, le corps physique peut reprendre sa fonction originelle de canal de la lumière. En tant qu'être humain cosmo-tellurique, la qualité de votre connexion à ces deux énergies est la clé de votre bien-être. En s'y intéressant, des scientifiques ont pu établir des liens évidents entre l'ancrage et la santé physique tels que la réduction importante des troubles inflammatoires ou articulatoires, même lorsqu'ils sont présents de façon chronique*.

J'entends parfois dire que pour s'ancrer, il faut marcher pieds nus sur le sol ou demander à être connecté à la Terre. Cela pouvait convenir ou suffire lorsque notre Terre n'était pas polluée comme elle l'est aujourd'hui. Un bon ancrage spirite est un ancrage au centre de la Terre, qui est un cœur d'amour de puissance infinie.

Voici une manière efficace de vous ancrer chaque matin.

Mettez-vous debout, les pieds écartés de la même distance que celle qui sépare vos épaules. Prenez une minute pour vous balancer légèrement sur vos pieds, d'avant en arrière, puis une autre minute pour basculer le poids du corps d'un pied sur l'autre, lentement. Placez votre conscience dans vos pieds et dans le contact avec le sol. Mettez-y l'intention d'être enraciné à cette Terre qui vous nourrit.

Puis dites : « Je demande à être correctement ancré au centre de la Terre, ici et maintenant. »

---

* Oschman J. L., Chevalier G., Brown R., « *The Effects of Grounding (Earthing) on Inflammation, The Immune Response, Wound Healing, and Prevention and Treatment of Chronic Inflammatory and Autoimmune Diseases* », in *Journal of Inflammation Research*, 2015;8:83-96.

Chevalier G., Sinatra S. T., Oschman J. L., Sokal K., Sokal P., « *Earthing: Health Implications of Reconnecting the Human Body to the Earth's Surface Electrons* », in *Journal of Environmental and Public Health*, 2012; 2012:291541.

Dans le même temps, visualisez des racines sortir de votre chakra racine, situé au niveau du périnée, descendre le long de vos pieds et s'enfoncer profondément jusqu'au centre de la Terre. Effectuez trois respirations avec visualisation : sur l'expiration, ressentez l'ancrage de vos racines et, sur l'inspiration, faites remonter l'énergie rouge lumineuse depuis vos pieds jusqu'à votre chakra racine, en passant par vos jambes.

Vous allez rapidement ressentir les bienfaits de cet ancrage. Vos corps énergétiques seront beaucoup plus solides. Votre protection spirite sera amplifiée. Vous serez beaucoup moins vulnérable. Pensez à l'image de l'arbre peu enraciné qui est secoué au moindre coup de vent. Pour ceux qui veulent réaliser des soins énergétiques, je propose une technique d'ancrage de niveau expert (voir la bibliographie).

Pyramide

Les pyramides sont bien plus que des objets qui émettent des ondes de forme (voir « Onde de forme »). Bien sûr, elles sont aussi cela. Faites-en l'expérience. Construisez-vous une pyramide, même en carton. Pour cela, partez des proportions de la pyramide de Gizeh et réduisez-les. Puis placez au centre de votre construction un citron ou un morceau de viande. Laissez-en un autre à l'air libre à proximité de votre pyramide et observez ce qui se passe dans les jours qui suivent.

Une pyramide agit notamment comme un concentrateur d'énergie cosmique, en particulier lorsque ses faces sont orientées vers les quatre points cardinaux.

Quand elle est construite selon les règles de la géométrie sacrée, elle peut devenir un intermédiaire spatiotemporel entre plusieurs dimensions. Les anciens Égyptiens y ont placé leurs défunts rois dans le but de les aider à rejoindre d'autres dimensions, d'autres mondes. Ce n'est pas un hasard non plus si votre merkaba se compose de deux pyramides inversées dont le centre se situe dans votre cœur. Même chose dans votre cerveau. Il existe de minuscules cristaux de forme pyramidale. Situés à l'intérieur de votre glande pinéale, ils servent à amplifier vos perceptions extrasensorielles. En y laissant entrer la lumière en conscience, ils peuvent la concentrer à des fins de perception multidimensionnelle, mais aussi d'harmonisation et de guérison. Maintenant, vous comprenez aussi mieux pourquoi des cristaux tels que le quartz, dont la structure géométrique moléculaire est pyramidale, entrent en résonance avec votre propre nature cristalline. Ces cristaux sont de véritables cadeaux divins. Ils peuvent réactiver en nous nos capacités endormies et amplifier la pureté de nos structures. Ils nous aident à élever nos vibrations et peuvent servir d'instruments de soins, de rééquilibrage de nos corps ou de nos maisons.

Q

9

Quartz

Instrument de magie, voilà comment on pourrait définir en trois mots la grande famille des quartz. Tous les cristaux sont des chefs-d'œuvre de pureté et de perfection. Ils ont conservé intactes les vibrations divines de la création de l'humanité et, à ce titre, nous ont été donnés en tant que règne comme compagnons d'évolution.

Les quartz ont ceci de particulier qu'ils possèdent une structure géométrique pyramidale qui leur confère des propriétés très puissantes (voir « Pyramide »). Autre singularité : leur architecture moléculaire comporte des micro-espaces « vides » offrant une place pour une information spirite, une lumière des hautes sphères ou une intention humaine. C'est pour cela qu'ils peuvent si facilement être « programmés » à des fins spécifiques. Dans l'avenir, ces cristaux pourront résoudre nos problèmes énergétiques, révolutionner la médecine ou la construction, entre autres.

Grâce à eux, aujourd'hui, nous pouvons réactiver nos pouvoirs endormis, appeler à nos côtés des forces bienfaitrices, protéger l'amour, voyager dans d'autres dimensions, guérir certaines choses.

Utilisez plutôt un quartz rose pour appeler et protéger l'amour, pour apporter paix, douceur et harmonie. Privilégiez l'améthyste pour la purification, l'intuition, la médiumnité, la paix, et pour chasser la fatigue nerveuse. Pensez à la citrine pour revivifier votre joie de vivre et attirer le succès. Le quartz fumé fait des merveilles en méditation. Enfin, le cristal de roche, ou quartz transparent, est parfait pour créer des baguettes magiques. Il peut être très utile en soins pour intervenir sur l'aura (retirer, guérir des blessures, etc.) s'il est manié par un énergéticien expérimenté ou pour agir sur les énergies d'un lieu de vie. Il permet d'accéder aux mondes invisibles, d'élever des niveaux vibratoires et de se faire un relais de lumière divine, etc.

Chaque fois que vous souhaitez coopérer avec un cristal, commencez toujours par le purifier en le laissant dans l'eau de source 48 heures avec quelques gouttes d'huile essentielle de citron. Puis créez avec lui une relation le considérant pour ce qu'il est : un ange cristallin, un compagnon véritable, un allié et un soutien spirite. Abordez-le avec respect, amour, remerciez-le. Votre amour crée la connexion par laquelle son esprit pourra vous aider.

Plus vos énergies sont pures et votre intention claire, meilleur en sera le résultat. Et chaque fois que vous percevez un changement dans ses énergies, repurifiez-le dans l'eau ou en le laissant une semaine dans un linge de couleur noire.

Quotidien

Lorsque vous apprenez un protocole pour vous purifier, vous ancrer, ou une prière pour vous protéger ou couper les liens négatifs, vous vous sentez mieux sur l'instant. Toute votre vie s'en trouve mieux. Vous faites ces protocoles quelques jours et, assez souvent, vous les laissez de côté pendant un moment. Ou alors vous les pratiquez seulement de temps en temps. Et à nouveau, vous retrouvez des difficultés.

Les méthodes pour se purifier, se protéger ou élever ses vibrations sont comme des clés à votre disposition. Elles ouvrent la vie merveilleuse à laquelle vous aspirez et à laquelle vous avez droit par acquis de naissance. Mais lorsque l'on fait des doubles de clés de la maison ou de la voiture et que l'on ne s'en sert qu'une fois de temps en temps, elles n'ouvrent plus bien les serrures. En revanche, celles que vous utilisez tous les jours fonctionnent très bien. Pour les protocoles, c'est pareil. Il faut les faire très régulièrement pour s'en imprégner et se les approprier. Pour y arriver, le secret est de les intégrer, l'un après l'autre, pas à pas, à votre quotidien pour les reproduire chaque jour. C'est à cette condition que vous serez réellement mieux. Commencez par exemple par la purification du matin, puis ajoutez l'ancrage matinal, puis les prières de protection, ou faites-le dans l'ordre qui vous convient. Tous les exercices respiratoires peuvent être pratiqués dans les transports en commun.

Ne cherchez pas à devenir spirituel, vous l'êtes, c'est votre nature. En revanche, ce dont nous avons besoin, c'est d'intégrer la dimension spirituelle à notre vie, à notre manière de nous laver, de cuisiner, de préparer les choses, de faire le ménage, de converser, d'offrir… Dans tout cela, vous pouvez intégrer la vibration d'amour inconditionnel. C'est en transformant vos actions quotidiennes en actions conscientes d'amour que vous pourrez jouir d'une pleine santé, prospérité et harmonie.

R

Respiration

R

Vous vous demandez peut-être ce que vient faire la respiration dans un dictionnaire spirite. Respirer est un acte que votre corps assure de façon automatique afin de garantir un minimum d'alimentation en oxygène à vos cellules. Mais il peut être tellement plus que cela. Il est inextricablement lié à votre santé, à votre équilibre émotionnel et même à votre évolution spirituelle.

Votre vie ne commence-t-elle pas, dès la rupture du cordon ombilical, par votre première bouffée d'oxygène, et ne se termine-t-elle pas sur un dernier souffle ? Cela ne vous est-il pas souvent arrivé de vous sentir mieux en changeant d'air ? D'ailleurs, changer d'air, c'est se changer les idées

La respiration constitue le lien le plus étroit et le plus profond entre le monde invisible, l'énergie qui nous entoure et notre corps le plus dense. C'est donc tout naturellement un moyen de nous ressourcer, de nous régénérer et d'élever les vibrations de tout notre corps.

Vous avez tous expérimenté que lorsque vous ralentissez votre rythme respiratoire, vous vous détendez, vos émotions s'apaisent. Lorsque vous envoyez votre souffle en conscience dans certaines parties de votre corps douloureux, vous le soulagez.

Ainsi, quand la peur nous assaille, l'un des moyens les plus efficaces de gérer ce stress est de focaliser notre attention sur notre respiration. Nous sommes alors redirigés dans l'instant présent. Nous pouvons recréer une connexion avec notre intériorité pour savoir comment agir et réagir de la meilleure façon possible. Par votre souffle se crée un pont avec votre âme qui lui rend ses messages audibles à votre conscience.

Prendre le contrôle de notre respiration transforme notre vie. On sait aujourd'hui qu'un certain rythme respiratoire (5 secondes d'inspir et 5 secondes d'expir), connu sous le nom de « cohérence cardiaque », réharmonise tous nos systèmes hormonaux, immunitaires, digestifs, cardiovasculaires…, améliore notre fonctionnement cognitif, notre mémoire et équilibre notre émotionnel.

Mais j'irais beaucoup plus loin. Je peux vous assurer que la respiration est votre premier pouvoir spirite. Il vous aidera à gravir marche après marche votre ascension vibratoire.

C'est le superpouvoir le plus efficace, le moins coûteux et tellement sous notre nez en permanence que nous le négligeons. Par l'attention que vous portez à votre souffle, vous en faites un agent de guérison, de révélation et d'accès aux mondes subtils. Tout exercice respiratoire transforme votre cerveau, notamment par l'activation de l'épiphyse, cette glande pinéale par laquelle nous accédons à nos pouvoirs spirites de médiumnité.

Chaque fois que vous inspirez, rien ne vous empêche de puiser la lumière, la force et l'amour contenus dans l'air sacré qui vous entoure et de l'envoyer à toutes vos cellules, car il n'en est aucune qui ne respire pas.

Le plus souvent possible, dans la journée, portez votre attention sur votre souffle.

Inspirez lentement en imaginant que chaque partie de votre corps absorbe de magnifiques particules divines lumineuses. Retenez l'air quelques instants dans vos poumons et, sur l'expiration, envoyez une attention d'amour à toutes ces parties de votre corps. Lorsque vous aurez pris l'habitude de cette respiration, vous pourrez y ajouter une intention positive sur l'inspiration telle que : « J'inspire l'Amour divin », et sur l'expiration : « Je fixe cet Amour divin. »

Rouge

Le rouge évoque la passion, le désir, la vitalité et le courage. À juste titre, cette couleur est la plus vibrante. Elle dégage une énergie qui peut réveiller notre vitalité, notre sexualité et consolider des liens amoureux. Ce n'est pas par hasard que c'est la couleur des dessous sexy...

Couleur du chakra racine, elle est en lien avec le fait de devenir terrestre ou de prendre corps dans la matière. D'ailleurs, en hébreu, le nom du premier homme, Adam, signifie également « fait de terre rouge ».

Pour accroître votre vitalité, faire pleinement corps avec la vie ou chasser la fatigue, vous pouvez porter sur vous des pierres qui harmonisent ce chakra : jaspe rouge, corail ou grenat. Ou simplement vous octroyer régulièrement des soins en disposant sur votre corps, à l'endroit des sept chakras principaux, la pierre qui lui correspond.

Le rouge attire l'œil, il ne laisse pas indifférent. Qu'on l'aime ou qu'on la déteste, cette couleur possède des pouvoirs spirites, ce qui la rend si particulière mais aussi très puissante. Elle se doit donc d'être employée avec sagesse et utilisée avec une précision quasi chirurgicale sur nous ou dans nos lieux de vie.

C'est surtout en matière de protection spirite que j'aime particulièrement le rouge. Lorsqu'il est placé au bon endroit, il est capable de tenir à l'écart les mauvaises énergies et d'y faire barrage afin qu'elles ne pénètrent ni dans vos corps énergétiques, ni dans vos lieux de vie. Avez-vous remarqué que les portiques qui sécurisent l'entrée vers les temples shintoïstes japonais sont de couleur rouge ? Que les portes des temples thaïlandais ou chinois le sont également ? Que dans de nombreuses cultures catalanes, basques ou japonaises, les ceintures traditionnelles sont rouges ? Il en est encore ainsi des bracelets qui entourent les poignets des enfants ou des bouddhistes tibétains. Les zones du poignet et du nombril sont des portes d'entrée énergétique. Le cercle rouge qui les entoure leur apporte une protection contre des intrusions négatives et permet de rester dans sa pleine force et puissance.

Pour votre lieu de vie, je vous recommande d'avoir un paillasson rouge éclatant qui aidera à arrêter les mauvaises énergies que des visiteurs pourraient rapporter dans votre maison. En décoration, il s'utilise avec beaucoup de prudence sous la supervision d'un expert de feng shui, qui pourra vous dire à quel endroit il doit être placé pour vous procurer des bienfaits.

Quant à la tradition du bracelet de fil rouge, il repose sur une vérité spirite. Il apporte une protection contre le mauvais œil et attire à vous davantage de chance et de bonheur. J'ai moi-même créé un bracelet de cordonnet rouge qui démultiplie ses effets bénéfiques grâce au pouvoir du Huit sacré. Quel que soit celui que vous choisirez, lorsque vous le perdrez ou le casserez, n'ayez pas de regrets. Surtout n'essayez pas de le bricoler, ce sera le signe qu'il est temps pour vous de le remplacer car il a perdu sa fonction protectrice. Enfin, lorsque vous vous rendez dans des lieux dont vous savez que les énergies sont très lourdes, n'hésitez pas à porter des chaussettes ou une ceinture rouge pour constituer une barrière supplémentaire.

La vibration rouge possède aussi d'autres qualités spirites que j'utilise lors de rituels spécifiques. Une bougie de couleur rouge soutiendra vos demandes d'aide spirite pour avoir plus de courage, revigorer une relation ou déclencher une grossesse. Un ruban de couleur rouge pourra être utilisé lors de rituels destinés à consolider une relation amoureuse (voir « Nœud »).

S

Saint

Les saints sont des personnes qui ont vécu une vie terrestre dans laquelle ils se sont entièrement donnés au service divin. Durant leur incarnation, ils sont parvenus à manifester dans leurs actes du quotidien les qualités et les vertus de leur être de lumière parmi lesquelles la foi, la pureté, la douceur, la générosité, l'amour inconditionnel ou encore la sagesse et la guérison. Ils ont ainsi atteint leur pleine nature divine. Ils se sont distingués par les miracles qu'ils ont accomplis soit en guérissant des malades, soit en se guérissant eux-mêmes, soit en faisant apparaître des sources, de la nourriture, en lévitant ou encore en étant invincibles aux tortures qui leur furent infligées. Ce fut notamment le cas de saint Georges, dont le corps est resté impénétrable aux sévices qu'il subit durant de longues années.

Nombreux sont les épisodes de la vie des saints qui montrent comment ils réussirent, grâce à leur éveil spirituel, à surmonter des situations totalement désespérées, nous donnant ainsi à voir des exemples d'un immense espoir. Après avoir rejoint le monde spirite, ils continuent d'œuvrer à l'accomplissement de l'amour inconditionnel.

En tant que guérisseuse spirite, il m'arrive couramment d'invoquer certains saints pour faciliter des guérisons ou aider ceux qui font appel à moi à trouver un travail, un amoureux, vendre une maison…

Les saints ne sont d'aucune religion. En tant que purs esprits, ils peuvent se faire les porte-parole de nos souffrances et présenter nos demandes à des spirites encore plus puissants qu'eux afin que nous soyons exaucés. Ou bien ils peuvent intervenir directement et nous apporter l'énergie nécessaire pour que notre demande se concrétise. Je pense par exemple à la prière à saint Laurent contre les brûlures. Ce saint, qui fut lui-même brûlé vif, mais dont l'état de grâce lui en épargna la souffrance, nous a légué une prière puissante pour soulager ce mal. Saint Roch, dont les guérisons miraculeuses furent si nombreuses, comme lorsqu'il mit fin à l'épidémie de peste qui sévissait à Venise, est invoqué à juste titre pour faciliter la guérison de nombreuses maladies.

Vous pouvez faire appel à saint Joseph pour trouver un travail ou un logement, à saint Benoît contre les maléfices et le mauvais sort ou à saint Expédit pour trouver rapidement la solution à un problème ou mettre fin à un procès. La liste est longue de tous les saints qui peuvent nous soutenir… J'ai aussi régulièrement fait appel à sainte Rita, qui ne cesse d'intercéder pour nous dans toutes nos situations désespérées.

Comme pour les anges, les saints sont au service du bien et viendront vous soutenir si vous les appelez à l'aide avec d'autant plus de force que vous agissez avec amour. Comme le disait Mère Theresa, depuis sanctifiée : « Ce ne sont pas les choses que l'on fait qui comptent aux yeux de Dieu, mais combien d'amour on met à les faire. »

Sainteté (odeur de sainteté)

S

Connaissez-vous l'expression « être en odeur de sainteté » ? Cela signifie que vous êtes bien vu, bien apprécié et sous les bonnes grâces divines.

Mais pourquoi l'odeur ? En fait, l'origine de cet énoncé est très ancienne. On en retrouve trace dès le Ier siècle après Jésus-Christ. Les individus de cette époque avaient remarqué que le corps des saints mourants exhalait un délicieux parfum fleuri qui permettait avec assurance de les différencier des communs des mortels. Même leurs reliques diffusaient des odeurs de rose, de violette ou d'autres fleurs aux fragrances exquises. Chaque apparition de la Vierge Marie s'accompagne d'une odeur de rose…

J'adore cette expression qui nous rappelle que l'odeur permet de reconnaître les qualités spirites que sont la pureté, la lumière et la vertu. Et que respirer, diffuser autour de vous de pures odeurs florales, vous aide à élever vos pensées et vos émotions. Vous pouvez aussi vous fier aux odeurs que vous percevez, chez autrui, ou lorsque vous entrez dans un lieu, pour savoir s'ils sont bons pour vous ou s'il vaut mieux éviter de trop les fréquenter.

Sauge

« Qui a de la sauge dans son jardin, n'a pas besoin de médecin. » Vous connaissez probablement ce dicton qui fait allusion aux propriétés médicinales de la sauge, connues depuis des millénaires. Ici, je veux évoquer avec vous ses propriétés spirites. Certaines plantes, et plus encore lorsqu'elles sont utilisées en fumigation ou en diffusion (huiles essentielles), ont la particularité d'avoir une action sur les spirites. Elles dégagent des vibrations très élevées bien spécifiques reconnues du monde invisible. Ainsi, selon leur nature, elles appellent certains types d'esprits auprès de vous.

La sauge est un bon exemple de plante spirite. C'est une médiatrice entre le monde visible et l'invisible. Lorsque vous utilisez ses feuilles séchées en fumigation, des esprits viennent à vous pour purifier votre aura, vos lieux de vie, de prière, de travail, ou vos objets. Leur action amplifie le pouvoir naturellement purifiant des substances contenues dans la fumée de sauge. Elles désincrustent votre aura de ses parasites, miasmes et autres négativités de toute nature. Elles assainissent l'air et chassent les énergies négatives de vos lieux. La pensée s'en trouve clarifiée, le cœur léger et joyeux.

Certaines substances libérées par la fumigation ont aussi une action sur notre cerveau. Elles apaisent le stress, améliorent la concentration, la qualité du sommeil, et éveillent en douceur notre intuition. Après une fumigation de sauge, notre niveau vibratoire s'élève, nous sommes plus réceptifs aux messages des spirites. La sauge est donc une plante sacrée qui s'utilise avec conscience et sagesse.

Ainsi, comme chaque fois que nous coopérons avec le monde spirite, il y a des protocoles à respecter. Quand j'utilise la sauge en purification, je place quelques feuilles séchées dans un matériau exclusivement dédié à cet usage. Les Amérindiens utilisent une coquille d'ormeau. Principal avantage : elle est percée de petits trous qui assurent une arrivée d'air facilitant la combustion des feuilles. Je privilégie toujours l'allumette pour enflammer la sauge. Je vous conseille aussi de vous procurer une plume d'oiseau avec laquelle vous pourrez diriger la fumée. Si vous utilisez la fumigation pour purifier votre aura, allez toujours de bas en haut en orientant la fumée vers vous grâce à la plume. Commencez par les jambes, le bassin, puis le haut du corps et en dernier la tête. Si vous purifiez votre lieu de vie, partez toujours de votre porte d'entrée, dos à la porte, et circulez dans le sens inverse des aiguilles d'une montre : partez vers la droite et faites le tour de votre lieu de vie.

Quel que soit votre usage, dès que vous avez brûlé un peu de sauge, votre protocole spirite n'est pas terminé. Vous devez faire brûler une tresse d'avoine odorante, encore appelée « foin d'odeurs ». Il s'agit d'une herbe sacrée, *Hierochloe odorata*, qui appelle des énergies bénéfiques. Il y a plusieurs raisons à cela. Vous avez fait venir à vous des spirites, vous devez leur donner le signal de repartir. Vous avez utilisé une force céleste, vous devez rééquilibrer avec un ancrage à la Terre Mère. Ainsi, vos énergies seront équilibrées et vous évitez le risque d'inviter chez vous des esprits d'une nature inférieure qui pourraient y rester à demeure. Sauge et foin d'odeurs agissent en complémentarité parfaite, l'une pour purifier, l'autre pour protéger. Si cela vous est plus pratique, vous pouvez utiliser un bâton de sauge et de foin d'odeurs tressés ensemble. Vous trouverez fréquemment sur internet de la sauge blanche, *Salvia apiana*, mais n'hésitez pas, si vous en avez, à utiliser la sauge officinale, *Salvia officinalis*, qui pousse près de chez vous ou dans votre jardin, après en avoir fait sécher les feuilles.

Sachez qu'il existe de nombreuses variétés de sauge, dont certaines permettent d'accéder à des états modifiés de conscience. Du fait de son lien spirite, la sauge peut faciliter la communication avec le monde invisible. Respirer un peu d'huile essentielle de sauge sclarée, *Salvia sclarea*, peut vous aider à vous détendre et à atteindre un état de relaxation propice à l'écoute de votre voix intérieure. Avant une méditation, elle peut aussi aider à y voir clair et à appeler à vous des esprits qui vous transmettent des messages éclairants. Cela peut être juste un mot, une impression, une image, ou se présenter à vous comme l'évidence d'un choix à faire ou d'une décision à prendre.

Signaux (corporels)

S

Quand vous n'aimez pas quelque chose ou quelqu'un, n'avez-vous pas un geste involontaire de recul ? Ou lorsque vous êtes joyeux, n'avez-vous pas tendance à sautiller, à avoir les pieds légers comme si vous marchiez sur des petits coussins d'air ? Votre corps ne ment pas. Il est le fidèle transcripteur de votre âme. Aussi, tous les services d'espionnage, dignes de ce nom, ont leurs propres experts en décodage du langage corporel.

Vous avez beaucoup à gagner à apprendre à écouter vos sensations corporelles, car j'observe que le plus souvent, nous sommes devenus étrangers au langage de notre propre corps. Ses signaux vous indiquent pourtant ce qui est bon pour vous. Par exemple, si vous écoutez vraiment votre corps, et non pas votre tête ou vos émotions, vous avez naturellement envie de manger ce dont votre corps a besoin. Plus globalement, vos sensations peuvent vous aider à percevoir si un projet ou une activité peuvent être dans votre intérêt. Elles se manifestent par des picotements, des frissons, des agitations intestinales, une accélération ou une décélération du rythme cardiaque, des sensations de chaud, de froid, etc. C'est à vous de les identifier car elles vous sont uniques et personnelles. Un ressenti de fatigue, par exemple, peut aussi être un premier signal vous alertant qu'il devient urgent de vous purifier. Si vous prononcez à haute voix le projet sur lequel vous hésitez à vous engager, la tonalité de votre voix peut vous donner la réponse.

Pour ce qui est des entités, les sensations de froid, de nausées, les odeurs désagréables peuvent être le signe de la présence de défunts ou d'entités malveillantes. Au contraire, la présence de vos guides peut se manifester par des odeurs fleuries, la sensation que l'on vous caresse les cheveux, les joues ou la main, une douce chaleur ou une brise apaisante. Ainsi, vous découvrez que vos cinq sens vous ouvrent déjà à vos perceptions extrasensorielles.

Spirite

Le monde spirite est au cœur de ma vie depuis ma plus tendre enfance. De cette façon, je qualifie le monde invisible des esprits avec lesquels je dialogue en permanence. Ainsi, pendant toute mon enfance et mon adolescence, j'ai bénéficié d'une éducation peu conventionnelle avec pour professeurs des guides, des êtres de lumière qui ne sont pas dans le monde visible mais qui se sont comportés comme de vrais maîtres. Aujourd'hui encore, ils sont mes partenaires, au quotidien, dans tous les soins, les méditations et les enseignements que je dispense.

Les spirites regroupent tous les esprits supérieurs bienveillants qui se consacrent entièrement au bien de l'humanité. Ils sont tout à la fois avisés en sciences, en médecine, en sagesse, en bonté, et s'emploient à aider tous ceux qui cherchent à servir le bien. Lorsque j'emploie l'expression « protocole spirite », j'évoque un rituel qui m'a été transmis du monde spirite et qui donc se réalise sous leur supervision, avec leur aide et leur protection.

Les spirites viendront toujours à votre aide si vous les appelez parce que vous êtes en détresse et que vous avez besoin d'assistance pour retrouver votre paix ou votre harmonie intérieure afin de surmonter vos difficultés. Ils vous aideront toujours à vous libérer de ce qui vous maintient dans l'aveuglement, la peur, la peine, la dépendance, et peuvent ainsi vous aider à guérir tout ce qui fait obstacle à l'amour. Car ils veulent que vous expérimentiez la joie, l'amour et l'abondance qui sont votre vraie nature. Pour tous les rituels, protocoles, purifications, je vous recommande toujours de prendre rendez-vous avec eux une semaine à l'avance. Mais vous pouvez aussi les solliciter au quotidien en prenant le temps de méditer quelques instants votre demande dans votre cœur. Vous pouvez alors vous adresser à eux très simplement, de la manière suivante :

« Chers spirites, je vous demande en ce jour votre aide. Je souhaite ou je suis confronté à [...]. Que votre volonté soit faite ici et maintenant. »

T

Talisman

Dans ma famille de médiums spirites et guérisseurs, nous avons toujours utilisé des talismans pour nous protéger des énergies négatives visibles ou invisibles. Nous y ajoutions des prières destinées à renforcer la santé, la chance ou encore l'amour.

Dès la préhistoire, les êtres humains ont utilisé des symboles sacrés pour les éloigner du danger. Ces formes observées dans la nature ou canalisées par des médiums émettent des vibrations qui élèvent la vibration des corps énergétiques. Elles créent autour de l'aura un bouclier qui écarte les esprits néfastes, comme le fait par exemple une main de Fatma. Certaines formes sont directement reliées à des entités supérieures, nous permettant de bénéficier d'une protection spirite contre les maladies, les accidents ou toutes sortes de dangers. Ainsi, il n'est pas rare de trouver des amulettes portant l'inscription de l'entité protectrice à laquelle elle est rattachée. Dans d'autres cas, c'est son empreinte énergétique qui la connecte directement à une entité ou un groupe d'entités.

À la différence de l'amulette essentiellement protectrice, le talisman peut conférer un pouvoir particulier à celui qui le porte : un don d'intuition, de sagesse, de chance, et cela grâce au champ de forces positives qu'il émet autour de nous. Généralement, ce type de talisman était transmis de génération en génération. Quand le capitaine Cook débarque en Nouvelle-Zélande, il aperçoit autour du cou des Maoris le pendentif *hei tiki*. Ce talisman taillé dans le jade tient à distance les esprits malveillants et apporte à la lignée force, sagesse et fertilité. Tous les talismans sont ainsi chargés d'une force protectrice qui leur a été donnée par les esprits des ancêtres, par les esprits du clan ou des guides spirituels.

De nos jours, alors que les énergies montent en puissance sur la Terre, un talisman s'avère plus que jamais utile. Il nous aide à garder des corps énergétiques solides et à résister à l'effet d'éventuels égrégores négatifs (voir « Égrégore »). Il écarte de nous les esprits inférieurs et nous aide à demeurer dans l'axe de notre lumière intérieure malgré les derniers assauts de forces plus obscures.

N'hésitez pas, avec l'aide des spirites, à vous en fabriquer un personnel pour ce dont vous avez le plus besoin : protection, confiance, chance, force, ou ce que vous souhaitez. Pour cela, vous devrez, une semaine avant, marquer la date avec le monde spirite en demandant un rendez-vous précisant le jour et l'heure, pour créer un talisman de votre besoin. Vous choisirez une pierre ou un symbole qui serviront d'ancrage à ces énergies spirites et que vous porterez ensuite sur vous. Ce jour-là, vous vous purifiez soigneusement. À l'heure de votre rendez-vous, mettez un peu de sel dans un bol à côté de vous. Allumez une bougie blanche. Faites brûler une résine de benjoin sur un charbon ardent et passez sept fois votre symbole dans la fumée. Ensuite, déposez un peu de salive entre votre pouce et votre index et étalez-la sur l'objet. Puis prenez quelques instants pour le tenir dans vos mains et vous visualiser au centre d'un tube de lumière. Essayez de ressentir la puissance ou le pouvoir que vous lui demandez d'activer en vous. Enfin, faites brûler une petite résine d'oliban et demandez l'aide divine :

> « Chers spirites, je vous demande de consacrer ce talisman. Faites qu'il me garde dans la confiance, qu'il me confère de la chance, qu'il attire à moi l'argent ou autre. Donnez-moi la chance qu'il me garde dans votre lumière. Chers spirites, que votre volonté soit faite, ici et maintenant. »

Chaque soir, remettez-le dans une pochette noire avec gratitude pour tout ce qu'il vous a obtenu ou évité pendant la journée.

De mon côté, pour que chacun puisse accéder à son droit à la chance et au bonheur, j'ai élaboré avec les spirites un talisman sacré capable de s'ajuster à ce dont vous avez le plus besoin. Il contient de l'argent pur, des prières sacrées et des symboles qui lui donnent une puissance spirite grâce à laquelle vous bénéficiez d'une grande protection, chance et énergie. Pour être efficace, il doit être caché dans un vêtement, à l'abri des regards, y compris de ses proches. Connecté à des forces puissantes, il saura vous garder dans sa lumière. Retrouvez-le sur ma boutique.

V

Végétal

Dès l'âge de 5-6 ans, quand je me promenais dans la nature, je cueillais des fleurs, des plantes, qui m'appelaient avec douceur. Le soir venu, je préparais des décoctions et des tisanes qui, comme par hasard, soulageaient une migraine, une douleur, des maux de ventre. Certaines plantes détiennent des remèdes pour soulager nos organes, nous guérir des maladies, d'autres élèvent nos fréquences ou agissent sur l'émotionnel. D'autres encore sont capables d'agir sur notre cerveau, d'ouvrir des portails spirites pour accéder à une vision multidimensionnelle.

Bien sûr, vous avez des livres sur l'aromathérapie et sur la phytothérapie pour vous aider, mais rien ne remplace le contact direct. Vous pouvez, vous aussi, communiquer avec le règne végétal. Allez dans la nature et laissez-vous guider vers une plante qui vous attire. Admirez ce que vous trouvez beau en elle. Ce lien du cœur crée un espace qui autorise la connexion. Par votre amour, vous pouvez vous relier à son esprit. Ensuite, le plus difficile est de laisser de côté le mental pour juste accueillir vos perceptions.

Je vous invite aussi à regarder la plante sans vouloir en saisir les détails, comme si vous regardiez dans un appareil photo sans faire la mise au point, puis à lui envoyer votre amour du fond du cœur et à la regarder à nouveau. Vous pourrez observer l'expansion de son champ d'énergie, elle deviendra plus belle encore. Au travers de chaque plante que vous aimez, vous aimez la vie, vous aimez le Divin, qui vous aimera plus encore en retour.

Même si vous utilisez ensuite une huile essentielle, une capsule de phytothérapie ou une tisane, le lien que vous avez créé avec la plante facilitera son action bienfaitrice. Plus encore, lorsque vous serez à nouveau en difficulté ou en souffrance, il vous suffira même d'y penser pour que son action se réactive dans vos énergies, que votre corps se réharmonise. C'est cela, la magie.

Vert

Chaque couleur émet une fréquence qui a sur nous des effets. La couleur verte est celle de la nature vivante, du feuillage, des arbres. Elle nous purifie, nous apaise et nous équilibre. Son action est tellement puissante qu'elle nous guérit. Elle nous donne de la vigueur. D'ailleurs, le rayon sacré porteur de la guérison et gouverné par l'archange Raphaël est la flamme de couleur verte (voir « Flamme sacrée »). C'est aussi celle de l'abondance et de la prospérité. N'y voyez pas de surprise. Lorsque vous êtes en bonne santé, vos énergies circulent librement et sont harmonisées. Cette fluidité appelle l'abondance financière à l'image de celle de la nature.

Le vert accompagne naturellement vos souhaits dans ce domaine. Ainsi, utilisez une bougie de couleur verte lorsque vos demandes portent sur la santé, la guérison ou la prospérité.

La magie de la couleur verte est d'harmoniser votre chakra du cœur. Elle peut vous permettre d'aller très loin si, en conscience, vous méditez sur la flamme verte. Sur l'inspiration, inspirez de la lumière verte par le nez, qui rejoint votre cœur physique. Et sur chaque expiration, envoyez-vous une onde d'amour. Demandez ainsi au rayon vert d'emplir votre cœur. Et lorsque vous ressentirez une sensation de plénitude, envoyez à votre cœur l'intention de le diriger dans chaque partie de votre corps, chaque organe, chaque cellule, pour vous régénérer.

Parfois, lorsque vous êtes fatigué, que vous n'allez pas bien, si vous ne pouvez pas aller dans la nature, dans la forêt, juste regarder un disque de couleur verte peut vous nettoyer et vous libérer. Il vous suffit de le fixer en conscience et de laisser faire votre corps. Il procédera à un nettoyage émotionnel.

Y

Yang (masculin sacré)

Y

Dans le feng shui ou la médecine chinoise, le qualificatif « yang » se réfère à un objet, une couleur, une forme, un aliment, un organe ou une puissance à dominante active, claire et chaude.

Sur un plan spirite, le yang décrit le principe masculin qui existe en toute chose. Chez l'homme, on a longtemps connu l'expression de ce principe, dans sa basse vibration, se manifestant alors par la domination, la violence ou la destruction. Mais que vous soyez homme ou femme, vous êtes appelé à élever cette énergie masculine présente en vous-même au rang de masculin sacré. Cela ne peut que se produire par la rencontre entre vos deux polarités : vos deux principes féminin et masculin sacrés.

Vous pouvez percevoir le masculin sacré comme un flux de lumière consciente qui descend du ciel et illumine votre esprit d'idées, de pensées inspirantes. C'est aussi la partie de vous-même qui est feu divin, conscience éclairée, qui rayonne et irradie. L'énergie du masculin sacré donne la force d'oser sa singularité, d'affirmer sa vérité et de vous affirmer tel que vous êtes vraiment. Elle vous pousse à servir la vie par une action que nul autre que vous ne peut apporter : votre contribution unique. Cette énergie donne l'impulsion pour se lancer, se centrer et agir de manière juste.

Mais cette énergie du masculin ne peut accéder à cette dimension si l'être n'a pas accepté et accueilli son propre féminin sacré. C'est toute la magie du yin et du yang, du masculin et du féminin. Ce n'est que parce qu'il y a une force féminine qui accueille les semences et qui réceptionne ces belles idées qu'elles peuvent se faire jour. Ce n'est que parce qu'il y a un corps de matière dense qu'il est possible d'agir sur le monde, etc. Le masculin a un besoin vital du retour que lui offre son féminin pour savoir comment il doit ajuster son action et pour ressentir ce qui résonne vraiment en lui.

C'est par un travail essentiellement intérieur que vous développez ces deux forces en vous.

L'onde de forme de la merkaba (voir « Merkaba ») peut également vous aider à faciliter cette réunification sacrée, sous forme de dessin, mais mieux encore sculptée dans un cristal ou lors de vos méditations. Il existe aussi des pierres rondes en grès navajo, appelées « billes de foudre » ou « *Moqui marbles* » du nom de la tribu amérindienne des Mokis, qui rééquilibrent naturellement vos polarités yin et yang. Elles sont vendues par paires. L'une est totalement ronde et féminine, à placer dans la main gauche, l'autre est plus plate et de polarité masculine à placer dans la main droite. Vous inversez si vous êtes gaucher. Vous pourriez les employer en méditation pour partir à la rencontre de vos deux puissances.

Yin (féminin sacré)

Y

Dans le feng shui ou la médecine chinoise, le qualificatif « yin » se réfère à un objet, une couleur, une forme, un aliment, un organe ou une puissance à dominante passive, sombre et froide.

Sur le plan spirite, le yin décrit le principe féminin qui existe en toute chose. Le féminin sacré, quant à lui, décrit cette force qui vous ramène vers le cœur pour y trouver l'amour inconditionnel, mais aussi la connaissance de ce qui est juste pour vous, la perception des messages de votre âme. C'est une puissance présente en chacun de vous, quel que soit votre genre. C'est en l'accueillant et en l'acceptant que vous pouvez ensuite développer tous vos dons spirites de magnétisme, de guérison, de médiumnité, de magie. Le féminin sacré, c'est encore votre puissance de vie détenue dans vos entrailles, puissance d'autoguérison, de transformation, de créativité.

Le féminin sacré en vous ne demande qu'à se révéler afin que vous deveniez votre propre guérisseur, que vous mettiez de la magie dans tous vos actes. Vous l'y aidez, par exemple, en cultivant une étroite connexion avec la nature, en travaillant avec les énergies du vivant, la Lune, les plantes, les cristaux. Vous l'embrassez chaque fois que vous vous abandonnez à votre étreinte magnétique : quand vous revenez dans votre cœur pour pardonner, ramenez à l'amour ce qui a pu s'en éloigner.

Que vous soyez homme ou femme, c'est par le féminin sacré que vous accouchez de l'être que vous êtes, en union avec le masculin sacré. La fusion avec votre essence divine n'est rendue possible que par l'amour inconditionnel du féminin sacré. L'ascension, c'est aussi cela, la réunification de vos forces sacrées par lesquelles vous honorez les divins Père/Mère sources de tout. À travers vous, vous leur offrez une possibilité unique d'agir sur le monde.

Z

Zygomatiques

Croyez-vous connaître l'ascenseur le plus direct pour élever votre vibration et votre conscience ? L'expérience mystique la plus authentique ? Et si je vous disais qu'elle fait fonctionner les muscles des joues et des pommettes, ceux que l'on appelle « zygomatiques », au même titre que quatre cents autres muscles du corps. Le rire est un décontaminant physique, psychique et émotionnel.

C'est une pratique spirituelle des plus efficaces, à la portée de chacun, quoi qu'il arrive. Être capable de rire de tout, c'est ne pas trop se prendre au sérieux, refuser de se laisser aigrir par les événements et, surtout, savoir regarder les choses d'une manière qui suscite de la joie. C'est aussi lâcher prise avec ce qui échappe à notre contrôle pour choisir d'en rire plutôt que d'en pleurer. Il y a beaucoup de sagesse dans cette attitude.

Le rire nous ouvre à nous-mêmes et aux autres. C'est une pompe à endorphines, ces hormones du bonheur, mais c'est aussi un aspirateur à bonnes énergies. Même les spirites n'y résistent pas. Quand vous riez, sans vous moquer évidemment, vous créez une onde qui vous met sur la vibration de bonne santé. Cette fréquence appelle à vous de belles choses. Elle se propage bien sûr à votre cerveau, qui bascule dans une forme d'état méditatif. Riez avec la vie, faites place au lâcher-prise et à l'émerveillement.

Conclusion et petit complément de Z à A

Lorsque vous refermerez ce livre, vous ne refermerez pas votre connexion au monde spirite. Au contraire, j'espère vous avoir ouvert à l'existence de ce monde invisible duquel nous sommes issus et vers lequel nous sommes destinés. J'en profite ici pour remercier du fond du cœur les anges, les maîtres de sagesse, de paix, d'amour, les guides et êtres de lumière qui m'accompagnent, qui ont guidé mes écrits et qui ont souhaité que ces informations vous soient données maintenant.

Non pas seulement pour satisfaire une saine curiosité sur nos origines, mais pour vous donner des outils, des conseils et des protocoles qui doivent aider votre propre ascension. Je vous invite à les remercier vous aussi pour leur amour infini et leur dévouement de chaque instant à nos côtés, et ce, malgré nos résistances à leurs sages conseils.

S'il n'y avait qu'une seule lettre à retenir de cet abécédaire, ce serait la lettre A, comme « amour vibration ». Finalement, j'ai préféré la garder pour la fin, pour l'épilogue, parce qu'elle est le début et la fin de toute chose. Elle est la voie, le chemin et le secret. L'amour vibration n'est pas un sentiment, ni un affect ou une compassion. L'amour sentiment est ce que vous ressentez la plupart du temps pour votre amoureux, et vous espérez qu'il vous témoignera son amour en retour. L'amour compassion vous amène parfois à ressentir la douleur des autres et à la vivre avec eux. L'amour vibration est infini et inconditionnel. C'est une fréquence, un état vibratoire dans lequel vous vous sentez en plein amour de vous-même et de ce qui vous entoure. Il est animé de la volonté du plus grand bien pour tous. Aussi est-il associé à la confiance, la foi, la bonté et la joie. C'est celui d'une mère pour son enfant. Depuis cette énergie, tout se réharmonise : la santé, les relations, la prospérité. C'est la fréquence de la magie car c'est celle sur laquelle vibre votre soi divin. Sur cette vibration, il lui est facile de vous inspirer, de faire resplendir votre beauté et rayonner votre lumière.

Cet amour vibration est plus accessible que vous ne l'imaginez : il est en vous. Votre être de lumière peut vous le faire ressentir, lors d'une méditation notamment. C'est un bon moyen de s'y initier. Tout ce que les spirites vous ont donné dans ce livre, ce sont autant d'aides pour l'atteindre et la maintenir. C'est pour cela que ce livre est en quelque sorte un guide d'accompagnement au changement. Et pour vous révéler un dernier conseil, mettez-le sur votre table de chevet. Vous allez vous imprégner petit à petit de sa propre vibration pendant votre sommeil, jour après jour, et cela vous aidera également…

Bibliographie

Vous aussi, vous êtes magnétiseur, 2018.

Nettoyez votre énergie, 2019.

Vous aussi, vous êtes médium, 2019.

Secrets de guérisseuse, 2020.

Protection et purification énergétiques, 2020.

Vos cheveux, miroirs de votre âme, 2021.

La richesse est sacrée, 2021.

Oracle, messages de lumière, 2021.

Cet ouvrage est composé de matériaux issus de forêts bien gérées certifiées FSC®, de matériaux recyclés et de matériaux issus d'autres sources contrôlées.

Le Forest Stewardship Council® est une organisation internationale non gouvernementale qui encourage une gestion écologiquement adaptée, socialement bénéfique et économiquement viable des forêts de la planète. Pour en savoir plus, consultez le site *www.fsc.org*

FSC www.fsc.org MIXTE Papier issu de sources responsables FSC® C022829

Achevé d'imprimer en mars 2022
sur les presses de la Nouvelle Imprimerie Laballery
58500 Clamecy
Dépôt légal : avril 2022
N° d'impression : 202493

Imprimé en France

La Nouvelle Imprimerie Laballery est titulaire
de la marque Imprim'Vert®